Heinz Imhof

Fein und raffiniert

Canapés
und kleine
Köstlichkeiten

FALKEN

DER BEGINN EINER HARMONIE

Amuse gueule oder Canapés sind kleine Vergnügen im Mund, die den Apéritif begleiten oder auch allein für den gelungenen Anfang eines Mahles sorgen. Es sind köstliche Häppchen, die die Geschmacksnerven des Gaumens anregen und einer kleinen Verführung zum fröhlichen Schlemmen nahekommen.

In dieser Eigenschaft als kleine Vorspeise sind Appetitanreger für eine Cocktailparty oder zur Einstimmung auf ein kommendes Menü unersetzlich.

Der Slogan: „In der Kleinheit steckt die Feinheit!" kommt hier voll zum Ausdruck.

Die Finesse bei diesen Köstlichkeiten liegt jedoch nicht nur im Geschmack, auch das aparte Aussehen dieser Schmankerl zieht die Blicke der Gäste an.

Die spontane Reaktion unserer Geschmacksnerven beim Genuß dieser interessanten Häppchen prägt die Erwartung auf noch folgende genüßliche Kreationen.

INHALT

Den Appetit wecken ⎯⎯⎯⎯⎯⎯⎯⎯⎯⎯⎯⎯⎯⎯⎯ 4

    Vollendet zusammenstellen und genießen ⎯⎯⎯⎯ 6

    Die Dekoration und wichtige Küchengeräte ⎯⎯⎯ 8

Canapés ⎯⎯⎯⎯⎯⎯⎯⎯⎯⎯⎯⎯⎯⎯⎯⎯⎯⎯ 10

Amuse gueule ⎯⎯⎯⎯⎯⎯⎯⎯⎯⎯⎯⎯⎯⎯⎯ 24

Heiße Köstlichkeiten ⎯⎯⎯⎯⎯⎯⎯⎯⎯⎯⎯⎯ 44

Rezeptverzeichnis ⎯⎯⎯⎯⎯⎯⎯⎯⎯⎯⎯⎯⎯ 64

DEN APPETIT WECKEN

Ein Menü oder eine Party
mit Freunden sollte man
langsam und genüßlich
beginnen. Die kleinen
Gaumenschmeichler, die
ich Ihnen im folgenden
präsentieren möchte, sind
hierfür genau das richtige.

VOLLENDET ZUSAMMENSTELLEN UND GENIESSEN

Mit dem Essen zu beginnen, ohne sich vorher zu fragen, wie unser Magen damit zurecht kommt, ist wohl nicht die gesündeste, doch leider eine sehr weit verbreitete schlechte Angewohnheit.

Häufig wird unser Magen ohne Vorbereitung mit sehr reichlichen Speisemengen übersättigt – die Folge ist ein unangenehmes Völlegefühl mit all seinen negativen Begleiterscheinungen.

Eine leichte und raffinierte Alternative bieten hier kleine Köstlichkeiten, die man vorweg reicht. Da das Auge zunächst die Lust am Genuß weckt, ist es besonders wichtig, daß die Feinheit und Schönheit einer bevorstehenden Mahlzeit gleich zu Beginn betont wird. Die schönen und köstlich anmutenden Dinge finden auch hier den größeren Zuspruch. Immer mehr schließt man heute aus den Eßgewohnheiten auf die Einstellung des Menschen zum Leben. Das Erlebnis „Freude am Kochen und Genießen" bedeutet auch, an den schönen Dingen des Lebens viel Spaß zu haben.

Mit einer wonnigen Kleinigkeit wird unserem Magen zunächst die Möglichkeit gegeben, sich auf ein folgendes Gourmeterlebnis ein- und umzustellen.

Vor allem der Beginn eines Menüs oder einer Festlichkeit ist ausschlaggebend,

und deshalb sollten Sie besonders auf den ersten Eindruck achten, da dieser zum Gelingen einer Party erheblich beiträgt. Denn wo sich Menschen wohl fühlen, werden auch Freundschaften geschlossen.

Die durch ein Canapé oder Amuse gueule stimulierten Geschmacksnerven und Magensäfte machen neugierig

auf ein lukullisches Mahl in gelockerter Atmosphäre und tragen zu unserem Wohlbefinden bei. Körper und Geist sind nun aufnahmefähig für weitere Ereignisse.

Für eine Party, zu der man besonders in der heißen Jahreszeit nicht nur Alkoholisches, sondern auch fruchtige leichte Drinks ohne Alkoholprozente anbieten sollte,

empfehle ich Ihnen, 5 bis 7 kalte und ebenso viele warme Kleinigkeiten zu reichen, die die Wartezeit auf ein Menü überbrücken.

Die Wahl der kleinen Gerichte sollten Sie den jeweiligen Cocktails entsprechend vornehmen. Eine große Vielfalt und die richtige Zusammenstellung der Produkte sind sehr wichtig, und alles sollte darüber hinaus auf den Anlaß abgestimmt sein.

Stellen Sie <u>für eine Sommerparty</u> leicht verdauliche Feinheiten zusammen, wie Crevetten auf Kräuterbutter, zweierlei Kaviar auf Quarktoast, Seezungenröllchen auf Gurkenscheiben oder Hähnchenbrust mit Orangenfilets. Bei den heißen Köstlichkeiten bieten sich gebackene Champignonköpfe, Riesengarnelen in Petersilienbutter, Seezungenstreifen in Kräuterteig, Lachstatar auf Navettenscheibe, Putenbrustspießchen mit Currysauce oder Rindfleischwürfel mit Soja-Ingwer-Sauce an.

<u>Während der kühlen Jahreszeit</u> neigt man eher zu kräftiger abgeschmeckten kleinen Speisen, wie Räucherlachs auf Meerrettichbutter, Gänsebrust mit Ingwerbutter, Roastbeef auf Sardellenbutter oder Schinkentütchen mit Frischkäse. Als warme Köstlichkeiten empfehlen sich überbackene Austern mit Paprika, Venusmuscheln mit Lauch, Leberwürfel mit Salbei oder Lammfleischbällchen mit Roquefortsauce. Die Rezepte zu diesen Gerichten finden Sie in diesem Buch.

Planen Sie, vor einem Menü einen Stehempfang zu geben, so sollten Sie auf jeden Fall die Zusammenstellung der Gänge sorgfältig angehen. Wichtig hierbei ist, daß sich Lebensmittel und dominierende Farben nicht wiederholen und sich die Geschmacksintensität innerhalb des Menüs steigert.

Dies gilt auch für die dazu gereichten Getränke. Sie sollten keine hochprozentigen Drinks vor einem Menü servieren, sie verderben nur den Geschmack und den Magen. Besser ist ein leichter Cocktail oder ganz einfach ein Glas spritziger Sekt oder Champagner.

Beachten Sie bitte, daß kein Amuse gueule mit einer Fischzutat vor einem Fischgang gereicht oder ein kräftig schmeckendes Amuse gueule vor dem Verzehr einer leichten Vorspeise serviert wird.

Am besten paßt ein leichter, trockener Weißwein.

DIE DEKORATION UND WICHTIGE KÜCHENGERÄTE

Beim Anrichten von Canapés oder anderen Kleinigkeiten auf Platten ist eine Dekoration aus Servietten ein attraktiver Blickfang.
Versuchen Sie einmal, durch raffinierte Falttechniken Ihre Kochkunst zu illustrieren. Zwei recht einfache und sehr schöne Motive sind der „Schwanenhals" und die „Artischocke".

Der Schwanenhals

Breiten Sie eine quadratische Serviette aus, und belegen Sie sie mit Alufolie.

Zwei gegenüberliegende Ecken werden nun entlang einer gedachten Diagonale jeweils bis zur Mitte zusammengelegt.

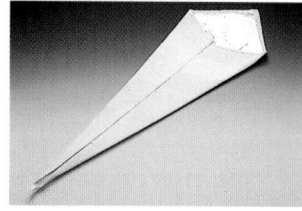

Falten Sie noch einmal bis zur Mitte weiter, so daß die Spitze der Serviette immer schmaler wird.

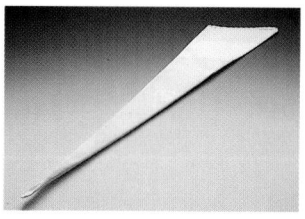

Dann klappen Sie die einem Pfeil ähnliche Serviette der Länge nach in der Mitte zusammen, so daß die Spitzen aufeinander liegen.

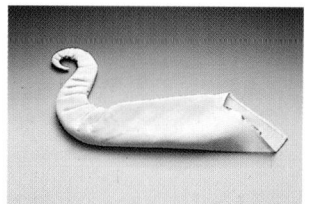

Nun die schmale Spitze nach außen hin zu einem dreiviertel Kreis eindrehen. Diese Spitze deutet den Schwanenkopf an.
Die breitere Spitze in die entgegengesetzte Richtung zu einem Halbkreis formen, den Schwan aufstellen.

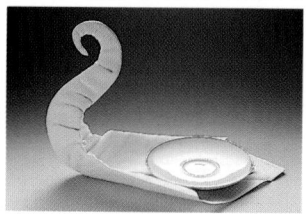

Die Serviette nun im Mittelteil flach drücken und beliebig mit einer Serviette belegen.

Die Artischocke

Die Serviette ausbreiten und alle vier Ecken bis zur Mitte einschlagen und glattstreichen.

Diesen Vorgang bitte nochmals wiederholen und die Serviette umdrehen.

Nun auch hier alle vier Ecken bis zur Mitte hin einschlagen.

Die Mitte mit einem kleinen Teller beschweren, so daß die Ecken nicht aufklappen können.

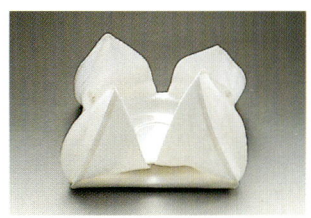

Die unteren Ecken nun nach oben ziehen und wie eine aufgebrochene Artischocke formen.

Küchengeräte

Ausstecher
Verschiedene kleine und große runde oder anders geformte Ausstecher für Brot, Kartoffeln, Gemüse oder Früchte sind wichtige Helfer, um Canapés und andere kleine Happen abwechslungsreich zu formen.

Holzspießchen
Für Fleisch- und Fischspießchen, die gebraten werden, verwenden Sie am besten Spieße aus Holz.

Küchenwaage
Zum Abwiegen von kleinen Mengen eignet sich eine Küchenwaage mit elektronischer Anzeige am besten.

Messer
Ein kleines, gut geschärftes Rüstmesser für Gemüse und ein Messer mittlerer Größe sind unentbehrlich für Ihre Vorbereitungen.

Mixer
Um sich viel Zeit und Arbeit zu sparen, empfiehlt es sich, zum Pürieren, Mixen und Hacken einen Mixer zu verwenden.

Palette
Eine handliche Palette benötigen Sie zum Streichen von Butter und anderen Aufstrichen und zum Glattstreichen.

Pariser Löffel
Der halbkugelförmige kleine Löffel wird zum Ausstechen von Kugeln und zum Aushöhlen von Gemüse und Früchten verwendet.

Rollholz
Zum Ausrollen von Teigen ist ein Rollholz unerläßlich. Sehr gut eignet sich auch eine Marmorrolle und eine Marmorplatte, da diese Flächen immer etwas kühler sind als Holz oder Kunststoff.

Sauteuse oder Pfanne
Braten, backen und kochen läßt es sich am besten in Pfannen aus Kupfer oder Chromstahl, da diese Materialien die Wärme optimal verteilen.

Schüssel und Schneebesen
Zum Aufschlagen, Rühren und Mischen von Butter, Quark oder Sahne ist eine halbkugelförmige Schüssel (Schlagkessel) sehr zu empfehlen.

Spritzbeutel und Tüllen
Sie benötigen Spritzbeutel mit runden und sternförmigen Tüllen in verschiedenen Größen, um Füllungen oder Dekorationen zu spritzen.

Tarteletteförmchen
Zur Formgebung von Teigen, die gefüllt werden sollen, verwendet man am besten verzinkte Backförmchen.

CANAPÉS

Diese kleinen, auf verschiedenen Brotsorten angerichteten Appetithäppchen werden mit allerlei feinen Zutaten dekorativ garniert und sind ein wahrer Augenschmaus für Ihre Gäste. Die Canapés können Sie zudem sehr leicht vorbereiten, so daß Sie viel Zeit für Ihre Gäste haben.

(Zweierlei Kaviar auf Quarktoast, Rezept S. 12)

ZWEIERLEI KAVIAR AUF QUARKTOAST

Für 10 Stück
*Zubereitungszeit: ca. 20 Min.
ca. 40 kcal/170 kJ*

5 Scheiben Weißbrot
50 g Quark
1 EL gehackter Kerbel
2 EL Milch
Salz
1 Prise Cayennepfeffer
50 g Forellenkaviar
50 g Lachskaviar
10 Kerbelzweige

1. Die 5 Weißbrotscheiben toasten und mit einem runden Ausstecher von 4 bis 5 cm Durchmesser 10 Kreise ausstechen.
2. Den Quark mit Kerbel, Milch, Salz und Cayennepfeffer mischen.
3. Die Quarkmasse nun auf die Toastrondelle streichen und die beiden Kaviarsorten halb und halb darauf verteilen. Jeweils mit einem Kerbelzweig garnieren.
(auf dem Foto S. 10)

CREVETTEN AUF KRÄUTERBUTTER

Für 10 Stück
*Zubereitungszeit: ca. 20 Min.
ca. 90 kcal/380 kJ*

50 g Butter
3 EL gehackte Kräuter
(Basilikum, Salbei, Thymian, Kerbel)
1 zerdrückte Knoblauchzehe
Salz
Pfeffer aus der Mühle
1 Spritzer Worcestersauce
5 Scheiben Weißbrot
¼ Kopfsalat
150 g eingelegte Crevetten
50 g Crème fraîche
1 enthäutete und entkernte Tomate, in Ecken
10 Basilikumblättchen

1. Die Butter mit den Kräutern, dem Knoblauch, Salz, Pfeffer und der Worcestersauce aufschlagen.
2. Aus den Brotscheiben mit einem runden Ausstecher von 4–5 cm Durchmesser jeweils 2 Kreise ausstechen und diese mit der Butter bestreichen.
3. Darauf jeweils ein kleines Salatblatt legen und die abgetropften Crevetten darauf arrangieren.
4. Mit einem Tupfer Crème fraîche und einer Tomatenecke verzieren und jeweils ein Blättchen Basilikum daraufsetzen.
(auf dem Foto: oben)

RÄUCHERLACHS AUF MEER-RETTICHBUTTER

Für 10 Stück
*Zubereitungszeit: ca. 25 Min.
ca. 100 kcal/420 kJ*

20 g geriebener Meerrettich
40 g Butter
Salz
Saft von ½ Zitrone
5 Scheiben Vollkornbrot
50 g Kapuzinerkresse
200 g Räucherlachs
½ Pfirsich

1. Den Meerrettich und die Butter schaumig rühren, mit etwas Salz und Zitronensaft würzen.
2. Aus dem Vollkornbrot mit einem runden Ausstecher von 4 bis 5 cm Durchmesser 10 Kreise ausstechen. Diese mit der Meerrettichbutter bestreichen und Kresseblätter darauflegen.
3. Den Lachs in Scheiben schneiden und diese zu Rosetten gedreht daraufsetzen. Den Pfirsich in Ecken schneiden und die Lachsrosetten mit den Pfirsichecken und jeweils einem Blatt Kresse garnieren.
(auf dem Foto: unten)

HERINGSFILET AUF KARTOFFEL-SCHEIBE

Für 10 Stück

Zubereitungszeit: ca. 45 Min.
ca. 115 kcal/475 kJ

10 Kartoffelscheiben, 1 cm dick
2 EL Distelöl
40 g Mayonnaise
5 g Curry
Salz
Pfeffer aus der Mühle
2 Heringsfilets
10 Radicchioblätter
10 Orangenfilets
10 Petersilienzweige

1. Aus den Kartoffelscheiben 10 Rondelle ausstechen und in dem Distelöl auf beiden Seiten etwa 5 Minuten lang goldgelb braten, auskühlen lassen und abtupfen.
2. Die Mayonnaise mit Curry, Salz und Pfeffer würzen und einen Teil auf die Kartoffelscheiben streichen.
3. Die Heringsfilets in Stücke schneiden, die Radicchioblätter waschen und beides dekorativ auf die Kartoffelscheiben legen.
4. Auf das Heringsfilet einen Tupfer Currymayonnaise setzen und die Canapés mit jeweils einem Orangenfilet und Petersilie garnieren.
(auf dem Foto: links)

HEILBUTT AUF TOMATENBUTTER

Für 10 Stück
Zubereitungszeit: ca. 30 Min.
ca. 120 kcal/505 kJ

2 geschälte und entkernte
Tomaten
1 EL gehackter Dill
40 g Butter
Salz
Pfeffer aus der Mühle
4 Scheiben Sonnenblumenbrot
¼ Kopfsalat
200 g geräuchertes Heilbuttfilet
10 Zweige Dill

1. Eine der Tomaten pürieren und mit dem Dill und der Butter schaumig rühren. Mit Salz und Pfeffer würzen.
2. Die Brotscheiben in 10 kleine Dreiecke schneiden und mit der Tomatenbutter bestreichen.
3. Die Salatblätter waschen und jeweils eines darauf legen. Das Heilbuttfilet in dünne Scheiben schneiden und darauf anrichten.
4. Die andere Tomate in Ecken schneiden und die Canapés mit Tomatenecken und Dillzweigen garnieren.
(auf dem Foto: rechts)

FORELLENFILET MIT KAVIAR

Für 10 Stück
Zubereitungszeit: ca. 20 Min.
ca. 80 kcal/335 kJ

5 Scheiben Toastbrot
50 g Mayonnaise
1 EL gehackter Estragon
½ Kopf Radicchio
2 geräucherte Forellenfilets
40 g Forellenkaviar
10 Estragonblätter

1. Die Brotscheiben toasten und schräg halbieren. Die Mayonnaise mit dem Estragon verrühren und auf die Toastscheiben streichen.
2. Die Blätter vom Radicchio lösen und waschen. Zuerst die Radicchioblätter und dann die Forellenfilets auf die Brotscheiben legen.
3. Die Canapés mit dem Forellenkaviar und den Estragonblättern garnieren.
(auf dem Foto oben)

SEEZUNGENRÖLLCHEN AUF GURKENSCHEIBE

Für 10 Stück
Zubereitungszeit: ca. 60 Min.
ca. 155 kcal/650 kJ

120 g Lachsfilet
Salz
Pfeffer aus der Mühle
80 ml flüssige Sahne
1 TL Pernod
4 Seezungenfilets
1 EL Öl
Alufolie
1 l Gemüsebrühe
4 Scheiben Sesambrot
50 g Mayonnaise
¼ Salatgurke
30 g Kaviar
10 Kerbelblättchen

1. Das Lachsfilet gut kühlen, grob zerkleinern, mit Salz und Pfeffer würzen und im Mixer oder mit einem Pürierstab pürieren.
2. Nach und nach die Sahne beigeben und weiter mixen. Den Pernod hinzufügen und das Lachspüree nochmals abschmecken.
3. Die Seezungenfilets etwas klopfen und mit der Hautseite nach oben auf eine mit Öl bestrichene Alufolie eng zusammen legen. Leicht mit Salz und Pfeffer würzen.
4. Die Filets mit der Lachsfarce bestreichen und einrollen. Die Alufolie nun verschließen, an den Enden fest eindrehen und in der Gemüsebrühe etwa 20 Minuten pochieren.

5. Die Alurolle anschließend herausnehmen, abkühlen lassen und kalt stellen.
6. Aus den Brotscheiben 10 Kreise ausstechen und diese mit einem Teil der Mayonnaise bestreichen. Je eine Gurkenscheibe draufflegen und diese mit etwas Mayonnaise bestreichen.
7. Die abgekühlte Seezungenrolle nun in Scheiben schneiden und auf den Broten verteilen. Jedes Canapé mit Kaviar und Kerbelblättchen garnieren.
(auf dem Foto unten)

─ FEINSCHMECKER-TIP ─

Gemüsebrühe können Sie leicht selbst herstellen, indem Sie 1 kg gemischtes Gemüse mit Gewürzen und 1 l Wasser zum Kochen bringen und 45 Minuten köcheln lassen.

Tatarrondelle auf Graubrot

Für 10 Stück
Zubereitungszeit: ca. 30 Min.
ca. 115 kcal/475 kJ

1 Eigelb
2 EL gehackte Zwiebeln
1 gehacktes Cornichon
1 EL gehackte Kapern
2 gehackte Sardellenfilets
Salz
Pfeffer aus der Mühle
1 TL Paprika
1 EL Öl
1 EL Cognac
250 g Tatar
3 Scheiben Graubrot
40 g Butter
10 Salatblättchen
5 Sardellenfilets
5 gefüllte Oliven

1. Das Eigelb mit den gehackten Zutaten mischen und mit Salz, Pfeffer und Paprika würzen.
2. Das Öl und den Cognac unterrühren. Dann das Tatar daruntermischen und alles nochmals abschmecken.
3. Aus dem Graubrot 10 Rondelle ausstechen und mit der Butter bestreichen. Die Salatblättchen waschen und jeweils darauflegen.
4. Das Tatar darauf anrichten und mit einem Messer ein Gittermuster eindrücken.
5. Die Sardellenfilets jeweils um die Oliven wickeln und dann halbieren. Die Olivenhälften auf das Tatar legen.
(auf dem Foto: oben links)

Lachsschinken auf Basilikumbutter

Für 10 Stück
Zubereitungszeit: ca. 25 Min.
ca. 90 kcal/385 kJ

50 g Butter
2 EL gehacktes Basilikum
½ zerdrückte Knoblauchzehe
Salz
Pfeffer aus der Mühle
3 Scheiben Nußbrot
½ Kopf Radicchio
10 Scheiben Lachsschinken
5 gefüllte grüne Oliven
5 schwarze Oliven
10 Basilikumblätter

1. Die Butter mit dem Basilikum, dem Knoblauch, Salz und Pfeffer mischen.
2. Die Nußbrotscheiben zu 10 kleinen Rechtecken schneiden und mit der Butter bestreichen.
3. Die Radicchioblätter waschen, jeweils darauf verteilen und den gefalteten Lachsschinken darauflegen.
4. Die grünen und schwarzen Oliven in Scheiben schneiden und die Canapés mit den Olivenscheiben und je einem Basilikumblatt garnieren.
(auf dem Foto: oben rechts)

Schinkentütchen mit Frischkäse

Für 10 Stück
Zubereitungszeit: ca. 30 Min.
ca. 155 kcal/650 kJ

150 g Frischkäse
1 EL gehackte Schalotten
2 EL Milch
½ TL Paprika
5 Scheiben Schinken
3 Scheiben Leinsamenbrot
30 g Butter
12 kleine Sauerampferblätter
2 dünne Ananasscheiben

1. Den Frischkäse mit den Schalotten, der Milch und dem Paprika mischen.
2. Die Schinkenscheiben halbieren, zu Tütchen drehen und die Frischkäsemasse bis auf einen kleinen Rest mit einem Spritzbeutel einfüllen.
3. Die Brotscheiben in kleine, spitze Dreiecke schneiden und mit Butter bestreichen. Je ein Sauerampferblatt darauflegen und mit etwas Frischkäsemasse betupfen. Darauf die Schinkentütchen legen.
4. Die Ananasscheiben in kleine Stücke, die restlichen 2 Sauerampferblätter in Streifen schneiden und die Canapés mit den Ananasecken und den Streifen garnieren.
(auf dem Foto: unten)

Roastbeef auf Sardellenbutter

Für 10 Stück
Zubereitungszeit: ca. 20 Min.
ca. 195 kcal/815 kJ

½ Stange Lauch
5 gehackte Sardellenfilets
50 g Butter
3 Scheiben Zwiebelbrot
3 EL Mayonnaise
1 EL gehackter Kerbel
10 Scheiben Roastbeef
¼ Kopf Bataviasalat
1 geschälte und entkernte Tomate
10 Kerbelzweige

1. Die halbe Lauchstange waschen und in Salzwasser etwa 10 Minuten kochen. Anschließend kalt stellen. Die Sardellen mit der Butter schaumig rühren.
2. Die Zwiebelbrotscheiben in 10 kleine Rechtecke schneiden und mit der Sardellenbutter bestreichen.
3. Die Mayonnaise mit dem gehackten Kerbel mischen. Die Roastbeefscheiben damit bestreichen und einrollen. Die Salatblätter waschen.
4. Die Brotrechtecke nun mit Salat und den Roastbeefröllchen belegen. Den Lauch in Scheiben schneiden und die Canapés mit Lauchmedaillons, Tomatenecken und Kerbel garnieren.
(auf dem Foto oben)

Gänsebrust mit Ingwerbutter

Für 10 Stück
Zubereitungszeit: ca. 20 Min.
ca. 140 kcal/570 kJ

50 g Butter
10 g geriebener Ingwer
1 Prise Zucker
1 Prise Salz
4 Scheiben Maisbrot
½ Kopf Eichblattsalat
20 dünne geräucherte Gänsebrustscheiben
¼ Mango
1 geschälte und entkernte Tomate
10 Kerbelzweige

1. Die Butter mit dem Ingwer, Zucker und Salz schaumig rühren.
2. Aus den Maisbrotscheiben 10 kleine Rondelle ausstechen und mit der Ingwerbutter bestreichen.
3. Den Eichblattsalat waschen, darauflegen und die Canapés mit jeweils 2 Gänsebrustscheiben belegen.
4. Das Mangofleisch und die Tomate in Ecken schneiden und jedes Häppchen damit garnieren. Zuletzt Kerbelblättchen daraufsetzen.
(auf dem Foto unten: hinten)

Hähnchenbrust mit Orangenfilets

Für 10 Stück
Zubereitungszeit: ca. 35 Min.
ca. 120 kcal/520 kJ

2 Hähnchenbrüste
Salz, Pfeffer aus der Mühle
1 EL Distelöl
1 Paprikaschote
50 g Mayonnaise
4 Scheiben Weißbrot
50 g Feldsalat, 10 Orangenfilets

1. Den Backofen auf 220°C vorheizen. Die Hähnchenbrüste mit Salz und Pfeffer würzen und in dem Öl im Backofen 5 Minuten braten. Die Paprikaschote dazulegen, aber für 15 Minuten im Ofen belassen.
2. Die Hähnchenbrust abkühlen lassen, die Paprikaschote schälen und in 10 Stücke schneiden.
3. Das restliche Paprikafleisch pürieren und mit der Mayonnaise mischen. Aus den Weißbrotscheiben 10 kleine Rondelle ausstechen und mit einem Teil der Paprikamayonnaise bestreichen.
4. Einzelne Feldsalatblätter auf die Rondelle legen.
5. Die Hähnchenbrüstchen schräg in Scheiben schneiden und auf die Brote legen. Die restliche Paprikamayonnaise daraufstreichen und mit den Orangenfilets und den zurückbehaltenen Paprikastücken garnieren.
(auf dem Foto unten: vorn)

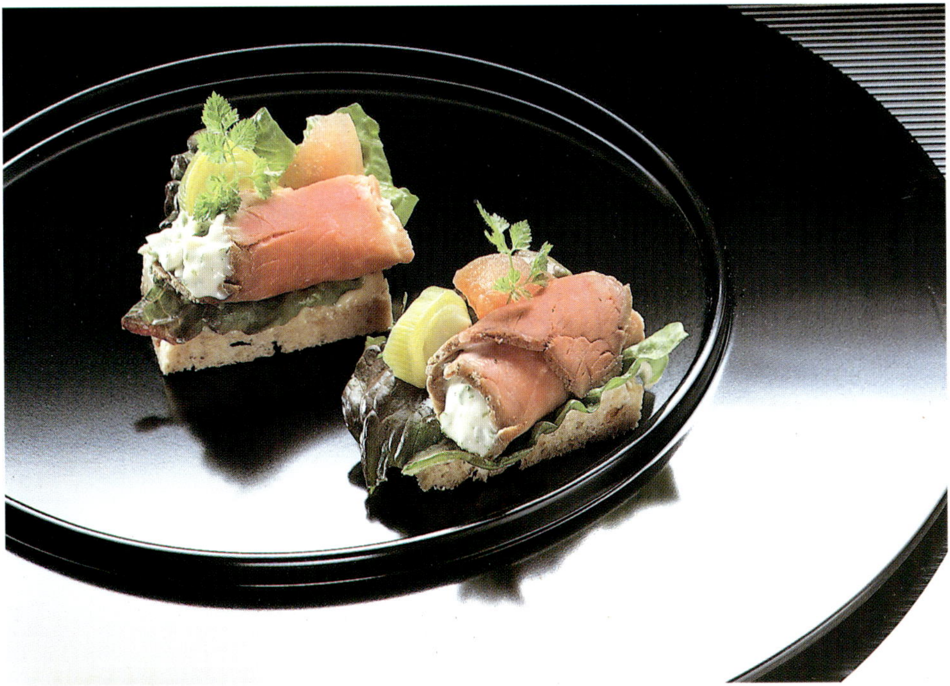

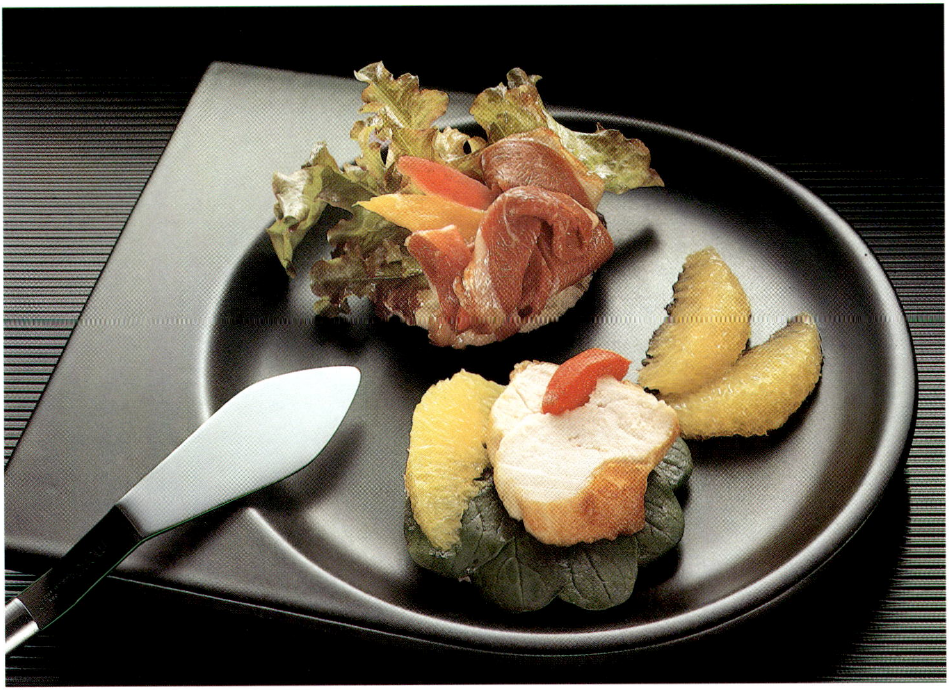

ENTENBRUST MIT HONIG-ZITRONEN-BUTTER

Für 10 Stück
Zubereitungszeit: ca. 30 Min.
ca. 135 kcal/560 kJ

250 g Entenbrust
Salz, Pfeffer aus der Mühle
1 EL Walnußöl
50 g Butter
1 EL Honig
geriebene Schale und Saft von
1 unbehandelten Zitrone
3 Scheiben Walnußbrot
½ Kopf Radicchio
10 halbe Walnußkerne
10 Basilikumblättchen

1. Den Backofen auf 200° C vorheizen. Die Entenbrust mit Salz und Pfeffer würzen und in dem Walnußöl auf der Hautseite scharf anbraten. Wenden und im Ofen 10 Minuten bei 200° C fertig braten, dann kalt stellen.
2. Die Butter mit dem Honig und der Zitronenschale schaumig rühren. Mit Zitronensaft und einer Prise Salz würzen.
3. Die Walnußbrotscheiben mit einem Teil der Butter bestreichen und in 10 kleine Rechtecke schneiden. Dann die Radicchioblätter waschen und darauflegen.
4. Die Entenbrust in Scheiben schneiden und die Canapés damit belegen. Jeweils einen Tupfer der Butter daraufsetzen und mit den Walnußkernen und den Basilikumblättchen garnieren.
(auf dem Foto: oben)

WINDBEUTEL MIT DILLQUARK

Für 10 Stück
Zubereitungszeit: ca. 25 Min.
ca. 130 kcal/550 kJ

Teig:

1 Tasse Milch
60 g Butter
1 Prise Salz
1 Prise Muskatnuß
100 g Mehl
2 Eier

Füllung:

200 g Quark
1 EL fein gehackte Zwiebel
2 EL fein gehackter Dill
¼ TL Paprikapulver edelsüß
Salz
Pfeffer aus der Mühle
evtl. 2 EL Milch
10 kleine Dillzweige

1. Die Milch in einen Topf geben und mit der Butter, dem Salz und Muskatnuß aufkochen.
2. Das Mehl unter ständigem Rühren in die Milch streuen, dabei den Topf auf dem Herd lassen und so lange rühren, bis sich der Teigkloß gut vom Boden löst. Den Backofen auf 200° C vorheizen.
3. Den Brandteig 5 Minuten auskühlen lassen und die Eier darunterrühren.
4. Den geschmeidigen Teig mit einem Spritzbeutel und Sterntülle auf ein Backblech zu 3 cm dicken Rosetten spritzen und diese etwa 15 Minuten backen.

5. Den Quark mit den Zwiebeln, dem Dill, Paprika, Salz und Pfeffer verrühren. Sollte der Quark zu fest sein, so geben Sie etwas Milch dazu. Den Dillquark in einen Spritzbeutel mit Lochtülle füllen.
6. Von den Windbeuteln mit einem scharfen Messer einen Deckel abschneiden und den Quark hineinspritzen. Die Deckel schräg aufsetzen und die Windbeutel mit einem kleinen Dillzweig garnieren.
(auf dem Foto: unten)

FEINSCHMECKER-TIP

Mit diesem Brandteig können Sie auch allerlei Formen oder Buchstaben spritzen, zum Beispiel „ZUM GEBURTSTAG" und anderes.

AMUSE GUEULE

Serviert wird das Amuse
gueule auf kleinen Tellern
zum Beginn eines Menüs
und soll Augen und Gau-
men verführen. Mit diesen
feinen Appetithappen wird
auch der Magen auf weitere
Köstlichkeiten eingestimmt.
Achten Sie aber bitte darauf,
daß die hier verwendeten
Produkte in der Menüfolge
nicht mehr vorkommen, um
Abwechslung zu gewähr-
leisten.

*(Staudensellerie mit
Roquefort, Rezept S. 26)*

STAUDENSELLERIE MIT ROQUEFORT

Für 10 Stück
Zubereitungszeit: ca. 20 Min.
ca. 70 kcal/290 kJ

30 g Roquefortkäse
1 EL gehackter Estragon
60 g Butter
½ Staudensellerie
1 geschälte und entkernte
Tomate, in Ecken
10 Estragonblättchen

1. Den Roquefort in einem Mixer oder mit dem Pürierstab pürieren, den Estragon hinzugeben und mit der Butter schaumig schlagen.
2. Den Sellerie in Stangen teilen, putzen, die Fäden abziehen und am unteren Ende gerade schneiden, damit die Stangen gut liegen.
3. Die Roquefortbutter nun in einen Spritzbeutel füllen und kalt stellen, sie sollte etwas fest werden.
4. Dann die Selleriestangen in 10 Stücke schneiden, jeweils einen Teil der Roquefortcreme in Tupfen daraufspritzen und mit Tomatenecken und den Estragonblättchen garnieren.
(auf dem Foto S. 24)

AVOCADOSCHAUM MIT LACHS

Für 10 Personen
Zubereitungszeit: ca. 50 Min.
ca. 120 kcal/515 kJ

1 reife Avocado
2 Blatt Gelatine
1 Grapefruit
Salz
Pfeffer aus der Mühle
1 EL Noilly Prat (französischer Vermouth)
100 ml geschlagene Sahne
10 kleine Scheiben Räucherlachs

1. Die Avocado schälen und pürieren. Die Gelatine in wenig kaltem Wasser kurz einweichen.
2. Die Grapefruit schälen und filetieren. Den austretenden Saft auffangen und mit der Gelatine leicht erwärmen. Die gelöste Gelatine unter das Avocadopüree rühren.
3. Nun mit Salz, Pfeffer würzen und den Noilly Prat dazugeben. Die geschlagene Sahne locker darunterheben und den Avocadoschaum 30 Minuten kalt stellen.
4. Die Grapefruitfilets mit dem Räucherlachs auf kleinen Tellern anrichten, den Schaum mit einem vorher in heißes Wasser getauchten Löffel abstechen und dekorativ anlegen.
(auf dem Foto: unten)

COCKTAIL-TOMATEN MIT BASILIKUMQUARK

Für 10 Stück
Zubereitungszeit: ca. 40 Min.
ca. 15 kcal/60 kJ

100 g Quark
2 EL gehacktes Basilikum
½ zerdrückte Knoblauchzehe
Salz
Pfeffer aus der Mühle
10 größere Cocktailtomaten
10 Basilikumblättchen

1. Den Quark mit dem Basilikum und dem Knoblauch verrühren und mit Salz und Pfeffer würzen.
2. Die Haut der Cocktailtomaten mit einem kleinen Messer am glatten Ende kreuzförmig einritzen und den Strunk herausschneiden. In kochendem Salzwasser kurz blanchieren und dann in kaltem Wasser abschrecken.
3. Nun die Haut abziehen und das obere Drittel der Tomaten als Deckel abschneiden. Das Kerngehäuse herausnehmen, und den Basilikumquark mit einem Spritzbeutel einfüllen.
4. Die abgeschnittenen Tomatendeckel daraufsetzen und mit Basilikumblättchen garnieren.
(auf dem Foto: oben)

LACHSBÄLLCHEN IM MANTEL

Für 10 Personen

Zubereitungszeit: ca. 40 Min.
ca. 120 kcal/500 kJ

300 g Lachsfilet
1 EL gehackte Schalotten
Saft von ½ Zitrone
Salz, Pfeffer aus der Mühle
150 g große Spinatblätter
10 halbe Walnußkerne
1 EL Walnußöl
1 rote Paprikaschote
100 g Crème fraîche

1. Das Lachsfilet fein hakken und mit den Schalotten, dem Zitronensaft, Salz und Pfeffer mischen.

2. Den Spinat putzen, waschen, in Salzwasser ganz kurz blanchieren und in kaltem Wasser abschrecken. Die Blätter trockentupfen, mit dem Lachshack füllen und zu 10 Bällchen formen.

3. Je eine Walnußhälfte daraufsetzen und mit wenig Walnußöl bepinseln.

4. Die Paprikaschote bei 220° C für 15 Minuten in den Ofen legen, danach die Haut abziehen. Das Paprikafleisch pürieren und mit 2 Eßlöffeln Crème fraîche mischen.

5. Das Paprikamark nun in die Mitte von 10 kleinen Tellern geben. Einen Tupfer Crème fraîche in die Mitte setzen.

6. Dann mit einem Spießchen die Crème sternförmig an den Tellerrand ziehen und je ein Lachsbällchen in die Mitte setzen.

(auf dem Foto: links)

FRISCHER THUNFISCH MIT SOJA

Für 10 Personen
*Zubereitungszeit: ca. 20 Min.
ca. 95 kcal/400 kJ*

300 g frisches Thunfischfilet
100 g Sojasprossen
10 g geriebener Ingwer
2 EL Sesamöl
Saft von 2 Limonen
¼ Kopf Bataviasalat
10 TL Sojasauce

1. Den Thunfisch in 20 Würfel schneiden und kalt stellen. Die Sojasprossen mit dem Ingwer, dem Sesamöl und dem Saft der beiden Limonen anmachen.
2. Den Bataviasalat waschen, 10 schöne Blätter aussuchen und je ein kleines Blatt auf ein Tellerchen legen.
3. Die angemachten Sojasprossen darauf verteilen, je zwei Thunfischwürfel anlegen und mit der Sojasauce beträufeln.
(auf dem Foto: rechts)

Matjestatar mit roten Beten

Für 10 Personen
Zubereitungszeit: ca. 20 Min.
ca. 145 kcal/605 kJ

1 gekochte rote Bete
1 TL gehackte Kapern
1 EL gehackte Schalotten
4 EL geschnittener Dill
1 Eigelb
1 EL Olivenöl
5 Matjesfilets
Pfeffer aus der Mühle
10 Chicoréeblätter
150 g Joghurt
10 Dillzweige

1. Die rote Bete schälen, in gleichmäßige Stäbchen schneiden und beiseite legen, die Reste fein hacken. Die fein gehackte rote Bete mit den Kapern, den Schalotten, 1 Eßlöffel des Dills, dem Eigelb und dem Olivenöl in eine Schüssel geben und verrühren.
2. Die Matjesfilets hacken, ebenfalls dazugeben, und alles nur mit etwas Pfeffer würzen.
3. Die Chicoréeblätter waschen und verlesen. Den Joghurt mit dem restlichen Dill verrühren.
4. Das Matjestatar nun auf 10 kleine Teller verteilen und mit den Chicoréeblättern, einigen Rote-Bete-Stäbchen und den Dillzweigen garnieren. Dazu einen Löffel Dilljoghurt geben.
(auf dem Foto oben)

Kartoffelfischchen mit Kaviar

Für 10 Personen
Zubereitungszeit: ca. 30 Min.
ca. 110 kcal/450 kJ

2 große Kartoffeln
Salz
20 g flüssige Butter
50 g Störkaviar
50 g Lachskaviar
50 g Forellenkaviar
150 g Crème fraîche
10 Kerbelzweige
10 Dillzweige
10 Basilikumblättchen

1. Die Kartoffeln waschen, schälen und in 30 etwa 1 cm dicke Scheiben schneiden. Diese Scheiben mit einem Ausstecher in Fischform (etwa 4 cm groß) ausstechen und in gesalzenem Wasser 10 Minuten kochen.
2. Die 30 Kartoffelfischchen herausnehmen und mit der Butter beträufeln.
3. Auf einem kleinen Teller anrichten und die verschiedenen Kaviarsorten anlegen. Die Crème fraîche dazugeben und mit den Kräutern garnieren.
(auf dem Foto unten: rechts)

Variation

Die Kartoffelformen für dieses Amuse gueule lassen sich auch mit einem anderen Ausstecher oder einem größeren Kartoffelfischchen herstellen. Servieren Sie dann nur ein Kartoffelfischchen mit allen drei Kaviarsorten.

Seezungenstreifen auf Orangenfilets

Für 10 Personen
Zubereitungszeit: ca. 30 Min.
ca. 50 kcal/210 kJ

300 g Seezungenfilet
1 EL gehackte Schalotten
Butter zum Einfetten
Saft von 2 Orangen
10 kleine Radicchioblätter
1 Bund Basilikum
10 Orangenfilets
50 g kalte Butter
Salz
Pfeffer aus der Mühle
1 Prise Cayennepfeffer

1. Die Seezungenfilets in 20 Streifen schneiden und mit den Schalotten in einen ausgebutterten flachen Topf legen. Den Orangensaft angießen und bei schwacher Hitze etwa 2 Minuten dünsten – nicht kochen lassen.
2. In der Zwischenzeit die Radicchioblätter waschen und jeweils ein Blatt mit einem Basilikumblatt und einem Orangenfilet auf 10 kleinen Tellern anrichten.
3. Die Seezungenfilets herausnehmen und auf die Teller verteilen. Die Sauce zur Hälfte einkochen lassen und mit der Butter verschlagen.
4. Mit Salz, Pfeffer, Cayennepfeffer und etwas gehacktem Basilikum würzen. Die Sauce zuletzt über die Filets geben und servieren.
(auf dem Foto unten: links)

ZANDER-SCHNITTEN MIT PAPRIKA

Für 10 Personen

Zubereitungszeit: ca. 30 Min.
ca. 105 kcal/440 kJ

je 1 kleine rote, gelbe und grüne Paprikaschote
20 g Butter
1 Prise Salz
300 g Zanderfilet
Pfeffer aus der Mühle
1 EL Mehl
4 EL Distelöl
Paprikapulver
100 g saure Sahne

1. Die Paprikaschoten waschen und für 15 Minuten in den Backofen bei 220°C legen. Etwas auskühlen lassen, die Haut abziehen, den Strunk herauslösen und die Kerne entfernen.

2. Das Fruchtfleisch in feine Streifen schneiden. Die Butter in einer Pfanne erhitzen, die Paprikastreifen darin anschwitzen und mit etwas Salz würzen.

3. Die Zanderfilets in 10 Stücke schneiden, mit Salz und Pfeffer würzen und in Mehl wenden. Das Distelöl in einer Pfanne erhitzen und die Fischstücke 2 Minuten auf jeder Seite leicht braten.

4. Die Filetstücke auf 10 Tellerchen verteilen und die Paprikastreifen darübergeben. Den Tellerrand mit wenig Paprikapulver bestäuben und die saure Sahne zuletzt auf die Paprikastreifen geben.
(auf dem Foto: links)

LACHSSCHINKEN-RÖLLCHEN

Für 10 Personen
Zubereitungszeit: ca. 20 Min.
ca. 150 kcal/620 kJ

125 g Pinienkerne
150 g Quark
1 EL gehackte Zitronenmelisse
2 EL Nußlikör
Salz
1 Prise Cayennepfeffer
20 Scheiben Lachsschinken
1 Honig- oder Netzmelone
10 Blätter Zitronenmelisse

1. Die Pinienkerne in einer Pfanne hellbraun rösten und abkühlen lassen.
2. Den Quark in einer Schüssel mit der Zitronenmelisse, dem Nußlikör, Salz und Cayennepfeffer verrühren und vier Fünftel der Pinienkerne dazugeben.
3. Die Schinkenscheiben mit dem Quark füllen und einrollen. Die Melone halbieren, entkernen, schälen und das Fruchtfleisch in Fächer schneiden.
4. Die Melonenfächer mit den Lachsschinkenröllchen auf 10 Teller geben und mit dem Rest der Pinienkerne und den Blättern der Zitronenmelisse garnieren.
(auf dem Foto: rechts)

LEBERPARFAIT MIT APFEL

Für 10 Personen
*Zubereitungszeit: ca. 60 Min.
ca. 150 kcal/640 kJ*

2 Äpfel
1 Tasse Portwein
4 Blatt Gelatine
150 g Geflügelleber
80 g Butter
Salz
Pfeffer aus der Mühle
100 ml geschlagene Sahne
10 Kerbelzweige

1. Die Äpfel schälen, entkernen und in Spalten schneiden. Den Portwein aufkochen, die Apfelspalten darin pochieren, herausnehmen und abkühlen lassen.
2. Die Gelatine in kaltem Wasser einweichen, auspressen, zum Portwein geben und darin auflösen.
3. Die Apfelreste in Stücke schneiden. Die Geflügelleber putzen und eventuell grüne Verfärbungen entfernen. Die Butter in einem Topf erwärmen und die Apfelreste und die Leber 10 Minuten darin dünsten. Mit Salz und Pfeffer würzen und anschließend auskühlen lassen.
4. Nun in einem Mixer fein pürieren und währenddessen ein Drittel des noch flüssigen Portweingelees hinzugeben. Danach alles für etwa 1 Stunde kalt stellen, bis die Masse fest ist.

5. Die geschlagene Sahne unter die Lebermasse ziehen und diese nochmals kurz kalt stellen.
6. Das Portweingelee in kleine Würfel schneiden und mit den Apfelspalten auf 10 kleinen Tellern anrichten. Das Parfait mit einem in heißes Wasser getauchten Löffel portionieren, anlegen und mit einzelnen Kerbelzweigen garnieren.
(auf dem Foto: unten)

FEINSCHMECKER-TIP

Zu diesem Amuse gueule passen leicht säuerliche Äpfel, wie Boskoop, sehr gut. Je nach Reifegrad sollten Sie die Pochierzeit der Apfelspalten berechnen, damit diese nicht zerfallen.

KANINCHENLEBER MIT FEIGE

Für 10 Personen
*Zubereitungszeit: ca. 25 Min.
ca. 110 kcal/465 kJ*

10 Kaninchenlebern (400 g)
Salz, Pfeffer aus der Mühle
30 g Butter
1 EL gehackte Schalotten
10 cl Rotwein
5 frische Feigen
30 g kalte Butter
100 g Blätter und/oder Blüten der Kapuzinerkresse

1. Die Kaninchenleber putzen und von grünen Verfärbungen, die durch die Galle hervorgerufen werden, befreien. Mit Salz und Pfeffer würzen.
2. Die Butter in einer Pfanne erwärmen und die Leber 3 Minuten darin schwach braten, herausnehmen und warm stellen. Die Schalotten in der Pfanne anschwitzen, mit Rotwein ablöschen und zur Hälfte einkochen lassen.
3. Die Feigen schälen und in insgesamt 10 Scheiben schneiden. Den Rest grob hacken, ebenfalls in die Pfanne geben und für 1 Minute kurz kochen. Mit etwas Salz und Pfeffer würzen und mit der Butter verschlagen.
4. Die Leber nun schräg halbieren und abwechselnd mit einer Feigenscheibe dazwischen auf 10 Tellerchen legen. Die Sauce darübergießen und mit der Kapuzinerkresse garnieren.
(auf dem Foto: oben)

WACHTEL-BRÜSTCHEN MIT WACHTELEI

Für 10 Personen
*Zubereitungszeit: ca. 40 Min.
ca. 120 kcal/505 kJ*

5 Wachteln
1 EL Ölivenöl
150 g Karotten und Sellerie
1 EL gehackte Schalotten
1 Tomate
2 Rosmarinzweige
1 Tasse Rotwein
2 Tassen Wasser
40 g kalte Butter
Salz
Pfeffer aus der Mühle
5 gekochte Wachteleier
40 g weiche Butter
1 EL gehackte Petersilie
1 EL feine Tomatenwürfel
1 EL Olivenöl

1. Die Wachteln auslösen und in Brüstchen, Keulen und Karkasse (Knochen) teilen. Die Karkasse mit Olivenöl in einem Topf 5 Minuten braten, dann die geputzten Karotten und den Sellerie sowie die Schalotten würfeln und 5 Minuton mit anbraten.
2. Die Tomate grob schneiden und mit dem Rosmarin dazugeben. Nach 3 Minuten mit dem Rotwein ablöschen und einkochen lassen. Mit dem Wasser auffüllen und nochmals zu einem Drittel einkochen lassen.
3. Diesen Fond durch ein Sieb passieren und mit etwas kalter Butter verschlagen. Mit Salz und Pfeffer würzen.

4. Die Wachteleier schälen und halbieren. Das Eigelb herausnehmen, mit der weichen Butter und der Petersilie mixen und mit Salz und Pfeffer würzen.
5. Die Eiermasse in das Eiweiß zurückfüllen, mit etwas Petersilie und Tomatenstückchen garnieren und vor dem Servieren kalt stellen.
6. Die Wachtelbrüstchen und -keulen mit Salz und Pfeffer würzen und 5 Minuten in Olivenöl rosa braten. Danach auf 10 Teller geben, mit der Sauce überziehen und mit je einer Eihälfte garnieren.

ENTENBRUST MIT LINSENSPROSSEN

Für 10 Personen
Zubereitungszeit: ca. 40 Min.
ca. 135 kcal/565 kJ

2 Entenbrüste (etwa 400 g)
Salz, 1 EL Honig
2 EL gestoßener, Pfeffer
2 EL Olivenöl, 1 EL Butter
1 EL gehackte Schalotten
1 zerdrückte Knoblauchzehe
150 g Linsensprossen
150 ml Sahne
1 EL gehackter Kerbel
1 TL Himbeeressig
1 Prise Muskatnuß
10 Kerbelzweige

1. Den Backofen auf 200°C vorheizen. Die Entenbrüste mit Salz, Honig und dem Pfeffer würzen.

2. Das Olivenöl in einer Pfanne erhitzen und die Entenbrüste darin auf der Hautseite scharf anbraten, wenden und dann 10 Minuten im Ofen braten. Danach herausnehmen und warm stellen.

3. Die Butter erwärmen und die Schalotten und den Knoblauch darin glasieren. Die Linsensprossen dazugeben, kurz anschwitzen und die Sahne angießen.

4. Zur Hälfte einkochen und mit Kerbel, Himbeeressig, Salz und Muskat würzen.

5. Die Linsensprossen auf 10 Teller verteilen, die Entenbrüste in 20 Scheiben schneiden, je 2 Scheiben daranlegen und mit Kerbelzweigen garnieren.
(auf dem Foto oben)

LAMMFILET MIT ZUCCHINIPICCATA

Für 10 Personen
Zubereitungszeit: ca. 30 Min.
ca. 150 kcal/630 kJ

1 Zucchino
Salz, Pfeffer aus der Mühle
1 EL Mehl, 2 Eier
20 g Parmesankäse
6 EL Olivenöl
300 g Lammfilet
1 EL gehackte Schalotten
1 zerdrückte Knoblauchzehe
3 enthäutete, entkernte Tomaten
1 TL frische Oreganoblättchen
10 Oreganozweige

1. Den Zucchino waschen und in Scheiben schneiden. Vorsichtig mit Salz und Pfeffer würzen und leicht in Mehl wenden.

2. Die Eier verschlagen und mit dem Parmesan mischen. Nun die Zucchinoscheiben durch diese Masse ziehen, in der Hälfte des Olivenöls in einer Pfanne goldgelb braten und warm stellen.

3. Das Lammfilet säubern und mit Salz und Pfeffer würzen. Das restliche Olivenöl in einer Pfanne erhitzen, das Fleisch 4 Minuten auf schwachem Feuer braten – es sollte innen rosa bleiben – und warm stellen.

4. Die Schalotten und den Knoblauch in der Pfanne im verbliebenen Öl anschwitzen. Die Tomaten in Würfel schneiden, dazugeben und mit Oreganoblättchen, wenig Salz und Pfeffer würzen.

5. Die Lammfilets aufschneiden, mit den Zucchinoscheiben auf 10 vorgewärmte Teller legen, die Tomatenwürfel dazugeben und mit den Oreganozweigen garnieren.
(auf dem Foto unten)

> ## FEINSCHMECKER-TIP
>
> Tomaten lassen sich leicht häuten, wenn man sie kurz in kochendes Wasser taucht und anschließend in Eiswasser abschreckt.

FILETSCHEIBE MIT HÜTTENKÄSE

Für 10 Personen
Zubereitungszeit: ca. 30 Min.
ca. 55 kcal/230 kJ

200 g Hüttenkäse
2 EL gehacktes Basilikum
Saft von 1 Limone
Salz
Pfeffer aus der Mühle
250 g Rinderfilet vom
Mittelstück
1 Papaya
10 Basilikumblättchen

1. Den Hüttenkäse mit dem Basilikum und dem Limonensaft mischen und mit Salz und Pfeffer würzen.
2. Das Rinderfilet (dazu muß es gut durchgekühlt sein) in 20 sehr dünne Scheiben schneiden.
3. Die Scheiben leicht mit Salz und Pfeffer würzen, mit dem Hüttenkäse füllen und zusammenrollen.
4. Die Papaya halbieren, entkernen und schälen. Das Fruchtfleisch in Fächer schneiden und mit den Filetröllchen auf 10 Tellern verteilen. Mit den Basilikumblättchen garnieren.
(auf dem Foto: links)

FILETSCHEIBE MIT OLIVEN-VINAIGRETTE

Für 10 Personen
Zubereitungszeit: ca. 20 Min.
ca. 120 kcal/500 kJ

je 50 g entkernte schwarze und grüne Oliven
1 EL gehackte Schalotten
½ TL Senf
½ TL gehackter Thymian
2 EL Sherryessig
Salz
1 Prise Zucker
Pfeffer aus der Mühle
7 EL Olivenöl
10 Scheiben Kalbsfilet (250 g)
10 Radicchioblätter
20 schwarze und grüne Oliven
10 kleine Thymianzweige

1. Die Oliven hacken und mit den Schalotten, dem Senf, dem Thymian und dem Sherryessig mischen. Mit Salz, Zucker und Pfeffer würzen und 2 Eßlöffel des Olivenöls unterrühren.

2. Die Kalbsfiletscheiben leicht mit Salz und Pfeffer würzen. Das restliche Olivenöl in einer Pfanne erhitzen und das Fleisch kurz auf beiden Seiten anbraten.

3. Die Radicchioblätter waschen, trockentupfen und auf 10 Teller verteilen. Das Kalbsfilet dazugeben und mit dem Olivendressing beträufeln. Die Oliven anlegen und mit den Thymianzweigen garnieren.

(auf dem Foto: rechts)

GEBRATENE SCHWARZWURST

Für 10 Personen
Zubereitungszeit: ca. 30 Min.
ca. 220 kcal/920 kJ

2 Birnen
1 Tasse Weißwein
20 g Zucker
3 EL Essig, 80 g Butter
250 g magere Schwarzwurst
(Ring von 4 cm Durchmesser)
20 g Butter
½ Kopf Eichblattsalat
50 g geriebener Meerrettich

1. Die Birnen schälen und in Spalten schneiden. Den Weißwein mit dem Zucker aufkochen und die Spalten darin 3 Minuten pochieren.
2. Die Birnenspalten herausnehmen und den Fond zu einem Drittel einkochen lassen. Vom Herd nehmen, den Essig dazugeben und die Butter unterrühren.
3. Die Schwarzwurst pellen, in 10 Scheiben schneiden. Die Butter in einer Pfanne erwärmen und die Wurstscheiben darin auf jeder Seite 2 Minuten leicht anbraten.
4. Den Eichblattsalat waschen, trockentupfen und auf 10 Tellern verteilen. Die Schwarzwurst und die Birnenspalten daranlegen, den Meerrettich darübergeben und mit dem Fond beträufeln.
(auf dem Foto: oben)

Variation

Sie können für dieses Rezept auch gut Äpfel und Rotwein verwenden.

GEFÜLLTE BACKPFLAUMEN

Für 10 Personen
Zubereitungszeit: ca. 30 Min.
ca. 350 kcal/1470 kJ

10 eingeweichte Backpflaumen
150 g Hackfleisch
3 EL Sahne
1 EL gehackte Pfefferminze
Salz, Pfeffer aus der Mühle
10 Scheiben Bauchspeck
1 EL gehackte Schalotten
½ TL Senf
2 EL Himbeeressig
4 EL Olivenöl
200 g grüne Bohnen
10 Radicchioblätter

1. Die Backpflaumen der Länge nach einschneiden und entkernen. Den Backofen auf 200° C vorheizen.
2. Das Hackfleisch mit der Sahne, der Pfefferminze, Salz und Pfeffer verkneten und in die Backpflaumen füllen.
3. Diese jeweils mit einer Speckscheibe umwickeln, mit einem Spießchen feststecken und 15 Minuten im Ofen backen.
4. Die Schalotten, den Senf und den Essig mit dem Olivenöl anrühren und mit Salz und Pfeffer würzen. Nun die Bohnen putzen, waschen, schneiden, in Salzwasser blanchieren und in das Dressing geben.
5. Die Radicchioblätter waschen, trockentupfen und auf 10 Teller verteilen. Die Bohnen dazugeben und die Pflaumen daraufsetzen.
(auf dem Foto: Mitte)

GEFÜLLTE NAVETTEN

Für 10 Personen
Zubereitungszeit: ca. 40 Min.
ca. 160 kcal/665 kJ

10 kleine Navetten, 1 EL Salz
1 rote Paprikaschote
1 gewaschener Zucchino
1 zerdrückte Knoblauchzehe
1 EL gehackte Schalotten
30 g Butter, 100 ml Weißwein
300 ml Sahne
¼ TL Safranfäden
Pfeffer, 10 Kerbelzweige

1. Die Navetten schälen, am unteren Ende geradeschneiden und oben einen Deckel abschneiden. Aushöhlen und mit den Deckeln 10 Minuten in Salzwasser leicht kochen.
2. Die Paprikaschote und den Zucchino in kleine Würfel schneiden und mit dem Knoblauch, den Schalotten und der Butter 3 Minuten anschwitzen.
3. Mit dem Weißwein ablöschen, einkochen lassen und die Sahne angießen. Den Safran dazugeben und 10 Minuten köcheln lassen.
4. Das Gemüse herausnehmen, in die Navetten füllen und die Deckel auflegen. Warm stellen.
5. Die Sauce nochmals aufkochen lassen und mit Salz und Pfeffer würzen. Die Navetten auf Teller stellen, die Sauce hineingeben, die Deckel wieder auflegen und mit Kerbelzweigen garnieren.
(auf dem Foto: unten)

HEISSE KÖSTLICHKEITEN

Für eine Cocktailparty eignen sich diese kleinen Gerichte ganz besonders, da sie eine willkommene Alternative zur herkömmlichen kalten Platte sind. Serviert mit Spießchen, sind sie einfach und ohne Besteck zu essen.
Die vielen Variationen machen es leicht, selbst eine ganze Mahlzeit zusammenzustellen, die man fast endlos genießen kann.

(Gebackene Champignonköpfe, Rezept S. 46)

Gebackene Champignonköpfe

Für 10 Stück
Zubereitungszeit: ca. 15 Min.
ca. 140 kcal/585 kJ

10 große Champignonköpfe
1 TL gehackte Schalotten
1 zerdrückte Knoblauchzehe
20 g Butter
50 ml trockener Weißwein
100 ml Sahne
3 Eigelb
Salz
Pfeffer aus der Mühle
1 TL gehackte Petersilie
10 Zucchinoscheiben, 2 mm dick
2 EL Mehl
3 Eiweiß
10 EL geriebenes Weißbrot
500 g Butterschmalz oder
Pflanzenfett

1. Die Champignonköpfe putzen und waschen. Die Stiele herausbrechen und fein hacken. Die Schalotten und den Knoblauch mit der Butter in einer Pfanne anschwitzen.
2. Die gehackten Pilzstiele hinzugeben und kurz anziehen lassen. Mit Weißwein ablöschen und einkochen.
3. Die Hälfte der Sahne angießen und kurz aufkochen lassen. Die andere Hälfte der Sahne mit den Eigelben verquirlen und der Champignonmasse unter ständigem Rühren beigeben.
4. Solange kochen lassen, bis die Masse dick wird. Mit Salz und Pfeffer würzen und die Petersilie unterziehen. Dann erkalten lassen.
5. Die Champignonköpfe mit der Farce füllen und mit den Zucchinoscheiben abdecken. Die Champignonköpfe leicht mit Salz und Pfeffer würzen und mit Mehl bestäuben. In den Eiweißen wenden und mit den Weißbrotbröseln panieren.
6. Das Butterschmalz oder Pflanzenfett in der Friteuse oder in einem Topf auf 160° C erhitzen und die Champignonköpfe schwimmend für etwa 5 Minuten darin garen. Dazu serviert man eine Kräutermayonnaise.
(auf dem Foto 3. 44)

Variation
Sie können die Champignonköpfe auch mit geriebenen Haselnüssen panieren, dies verleiht ihnen ein interessantes, neues Aroma.

Gefüllte Zucchini mit Crevetten

Für 10 Stück
Zubereitungszeit: ca. 20 Min.
ca. 100 kcal/420 kJ

1 Zucchino von etwa 4 cm
Durchmesser
Salz, Pfeffer aus der Mühle
30 g Butter
1 EL gehackte Schalotten
1 geschälte Tomate
150 g Crème fraîche
200 g geschälte Crevetten
1 EL geschnittener Dill
10 Dillzweige

1. Von dem Zucchino 10 etwa 2 cm dicke Scheiben schneiden, diese mit einem Pariser Löffel aushöhlen und würzen. Die Butter in einer Pfanne erwärmen und die Scheiben auf beiden Seiten 2 Minuten darin dünsten und warm stellen.
2. Die Schalotten anschließend in die Pfanne geben und anschwitzen. Die Zucchinoreste hacken, dazugeben und 2 Minuten mitdünsten. Dann die Tomate entkernen, das Fruchtfleisch in Würfel schneiden und ebenfalls in die Pfanne geben.
3. Nun die Crème fraîche unterziehen und für 3 Minuten einkochen lassen. Mit Salz und Pfeffer würzen.
4. Die Crevetten trockentupfen, mit dem Dill in die Sauce geben und erwärmen. Die Zucchinoscheiben damit füllen und mit Dill garnieren.
(auf dem Foto rechts)

ÜBERBACKENE AUSTERN MIT PAPRIKA

Für 10 Stück
Zubereitungszeit: ca. 25 Min.
ca. 135 kcal/565 kJ

10 Austern
20 g Butter
1 EL gehackte Schalotten
1 gelbe Paprikaschote
100 ml trockener Weißwein
150 g Crème fraîche
Salz
Pfeffer aus der Mühle
1 Prise Cayennepfeffer
1 Eigelb
3 EL geschlagene Sahne
1 EL gehackte Petersilie
40 g geriebener Parmesankäse

1. Die Austern mit einem Austernmesser öffnen, das Fleisch am Muskel lösen und herausnehmen. Die tiefen Schalen waschen und gut trocknen.
2. Die Butter in einem Topf erwärmen und die Schalotten darin anschwitzen. Die Paprikaschote waschen, putzen und das Fruchtfleisch in feine Würfel schneiden.
3. Die Paprikawürfel zu den Schalotten geben und ebenfalls 2 Minuten anschwitzen, mit Weißwein ablöschen und 3 Minuten dünsten.
4. Das Austernfleisch hinzufügen, kurz blanchieren und herausnehmen.
5. Nun die Crème fraîche dazugeben und alles zur Hälfte einkochen lassen. Mit Salz, Pfeffer und Cayennepfeffer würzen.
6. Die Paprikawürfel aus dem Kochsud nehmen, in die Austernschalen füllen und die blanchierten Austern darauflegen.
7. Den Rest der Sauce mit einem Eigelb binden, den Topf sofort von der Herdplatte nehmen, die geschlagene Sahne darunterziehen und die Petersilie sowie den Parmesan beigeben.
8. Die Austern mit der Schaumsauce überziehen und bei starker Oberhitze so lange überbacken, bis die Austern hellbraun werden.
(auf dem Foto oben)

RIESENGARNELEN IN PETERSILIEN-BUTTER

Für 10 Stück
Zubereitungszeit: ca. 20 Min.
ca. 105 kcal/440 kJ

2 Petersilienwurzeln
Saft von 1 Zitrone
10 Riesengarnelen
Salz
Pfeffer aus der Mühle
80 g Butter
1 zerdrückte Knoblauchzehe
3 EL gehackte Petersilie

1. Die Petersilienwurzeln schälen, in insgesamt 10 Stücke teilen und mit dem Zitronensaft in wenig gesalzenem Wasser 20 Minuten kochen. Herausnehmen und auskühlen lassen.
2. Die Petersilienwurzelstücke nun mit den Riesengarnelen abwechselnd auf 10 Holzspießchen stecken, mit etwas Salz und Pfeffer würzen und in der Hälfte der Butter etwa 4 Minuten leicht braten. Die Spießchen herausnehmen und warm stellen.
3. In derselben Pfanne nun den Rest der Butter erwärmen, den Knoblauch und die Petersilie dazugeben und mit Salz und Pfeffer würzen. Diese Kräuterbutter über die Riesengarnelen geben.
(auf dem Foto unten)

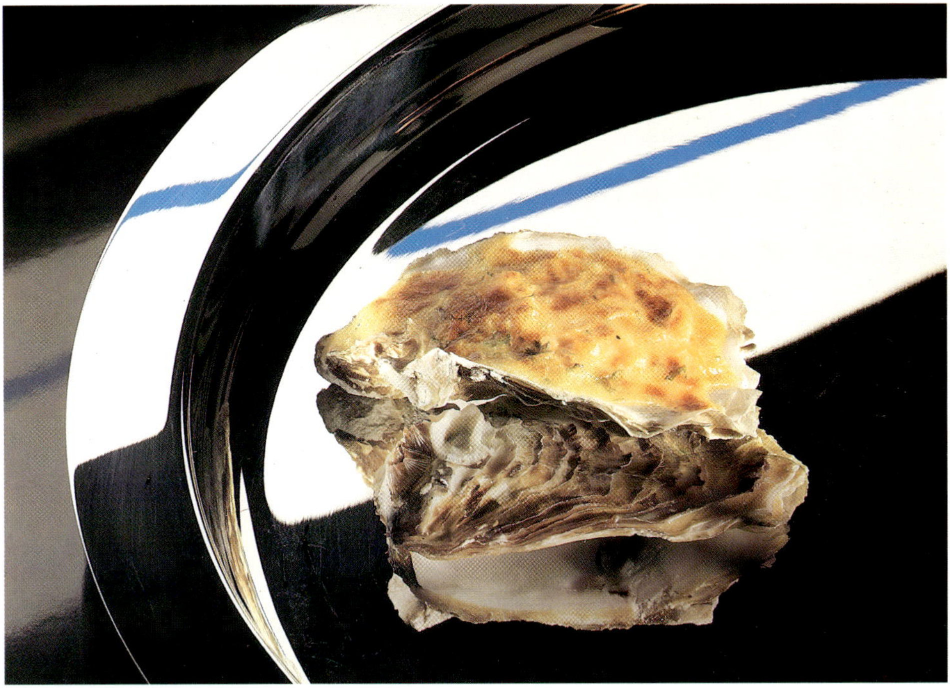

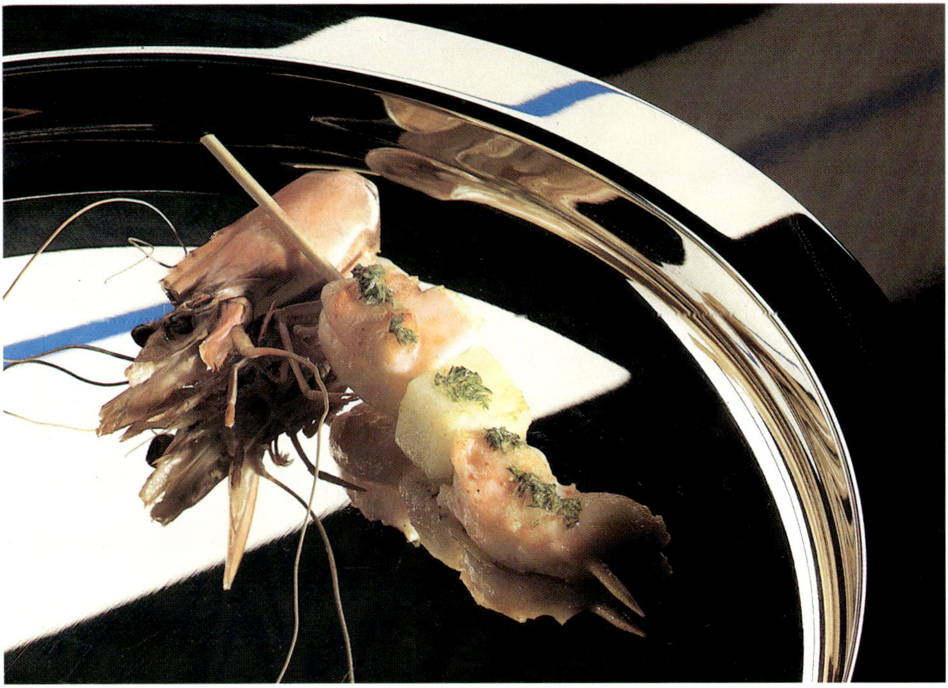

VENUSMUSCHELN MIT LAUCH

Für 10 Stück
Zubereitungszeit: ca. 25 Min.
ca. 95 kcal/400 kJ

200 g geputzter Lauch
20 g Butter
200 g Crème fraîche
Salz
Pfeffer aus der Mühle
1 Prise Cayennepfeffer
1 geschälte, entkernte Tomate
10 Venusmuscheln von etwa
5 cm Durchmesser
1 EL gehackte Petersilie

1. Den Lauch in 1 cm große Würfel schneiden, waschen und trockentupfen. Die Butter in einem Topf erwärmen und den Lauch 3 Minuten darin dünsten.

2. Die Crème fraîche dazugeben, zur Hälfte einkochen lassen und mit Salz, Pfeffer und Cayennepfeffer würzen. Die Tomate in 1 cm große Würfel schneiden und dazugeben.

3. Nun die Venusmuscheln öffnen, dazu mit einem kleinen Messer seitlich in die Muscheln stechen. Bitte nur geschlossene Muscheln verwenden.

4. Das Fleisch herauslösen, zum Lauch geben und kurz aufkochen lassen.

5. Die tiefen Muschelschalen waschen, trocknen, das Muschelfleisch mit dem Lauch in die Schalen zurückgeben und zuletzt mit Petersilie bestreuen.

(auf dem Foto: oben)

50

JAKOBSMUSCHEL-SPIESSCHEN

Für 10 Stück
Zubereitungszeit: ca. 15 Min.
ca. 70 kcal/295 kJ

300 g Jakobsmuschelfleisch
1 Zucchino
Salz
Pfeffer aus der Mühle
60 g Butter
1 gehackte Schalotte
1 geschälte, entkernte Tomate
2 EL gehacktes Basilikum

1. Das Jakobsmuschelfleisch vom Muskel lösen, den orangen Rogen abtrennen, säubern und das weiße Fleisch halbieren.

2. Den Zucchino waschen, in 2 cm große Würfel schneiden und diese mit dem Jakobsmuschelfleisch abwechselnd auf 10 Spießchen stecken. Mit Salz und Pfeffer würzen.

3. Die Butter in einer Pfanne erwärmen und die Spießchen 3 Minuten darin leicht braten. Herausnehmen und auf einer Platte warm stellen.

4. Die gehackte Schalotte in die Pfanne geben und glasieren. Die Tomate in kleine Würfel schneiden und mit dem Basilikum unter die Schalotten rühren. Mit etwas Salz und Pfeffer würzen und über die Spießchen gießen. *(auf dem Foto: unten)*

SEEZUNGEN-STREIFEN IN KRÄUTERTEIG

Für 10 Stück
Zubereitungszeit: ca. 20 Min.
ca. 155 kcal/650 kJ

Teig:
125 g Mehl
1 EL Olivenöl
2 Eigelb
125 ml Weißwein
Salz, Pfeffer aus der Mühle
1 Prise Muskatnuß
2 Eiweiß
4 EL gehackte Kräuter
(Basilikum, Kerbel, Petersilie, Dill)

Außerdem:
300 g Seezungenfilet
Salz, Pfeffer aus der Mühle
1 EL Mehl
500 g Pflanzenfett

1. Das Mehl in eine Schüssel geben, nach und nach das Olivenöl, die Eigelbe und den Weißwein dazugeben und zu einem dickflüssigen Teig verarbeiten.
2. Mit Salz, Pfeffer und Muskatnuß würzen. Die Eiweiße zu Schnee schlagen und mit den Kräutern unter den Teig heben.
3. Die Seezungenfilets in 10 Streifen schneiden, mit Salz und Pfeffer würzen und in dem Mehl wenden. Das Pflanzenfett auf etwa 160° C erhitzen.
4. Die Filets durch den Kräuterteig ziehen und in dem Fett schwimmend etwa 5 Minuten backen.
(auf dem Foto: unten)

LACHSTATAR AUF NAVETTENSCHEIBE

Für 10 Stück
Zubereitungszeit: ca. 25 Min.
ca. 115 kcal/475 kJ

1 EL gehackte Schalotten
1 TL gehackte Kapern
1 EL gehackte Petersilie
1 Eigelb
Saft von ½ Zitrone
300 g Lachsfilet
Salz
Pfeffer aus der Mühle
2 Navetten
40 g Butter
10 gefüllte Oliven

1. Die Schalotten, die Kapern, die Petersilie und das Eigelb in eine Schüssel geben und mit dem Zitronensaft verrühren.
2. Das Lachsfilet fein hakken und dazugeben. Mit Salz und Pfeffer würzen, verkneten und aus dem Teig 10 Bällchen formen.
3. Die Navetten schälen, in 10 etwa 1 cm dicke Scheiben schneiden und in der Größe der Tartarbällchen ausstechen. Die Scheiben nun in Salzwasser blanchieren und anschließend trockentupfen.
4. Die Tatarbällchen leicht andrücken. Die Butter in einer Pfanne erwärmen und die Bällchen darin 2 Minuten rundum braten.
5. Das Tatar auf die Navettenscheiben legen und jeweils eine Olive mit einem Spießchen daraufstecken.
(auf dem Foto: Mitte)

SEETEUFEL-MEDAILLONS MIT KOKOS

Für 10 Stück
Zubereitungszeit: ca. 20 Min.
ca. 160 kcal/665 kJ

10 Seeteufelmedaillons (à 30 g)
Salz
Pfeffer aus der Mühle
1 EL Mehl
1 Ei
100 g Kokosflocken
100 g Pflanzenfett oder
Butterschmalz
1 rote Paprikaschote
10 Ananasstücke
Saft von 1 Zitrone

1. Die Seeteufelmedaillons mit Salz und Pfeffer würzen, und zuerst in Mehl, dann in dem verquirlten Ei wenden.
2. Mit den Kokosflocken panieren. Das Pflanzenfett in einer Pfanne erwärmen und den Fisch bei mittlerer Hitze 4 Minuten darin ausbacken.
3. Die Paprikaschote putzen und in 10 Stücke schneiden. Mit den Ananasstücken auf ein Holzspießchen stecken und in die Medaillons spießen. Mit Zitronensaft beträufeln und servieren.
(auf dem Foto: oben)

PUTENBRUST-SPIESSCHEN MIT CURRYSAUCE

Für 10 Stück
Zubereitungszeit: ca. 20 Min.
ca. 120 kcal/500 kJ

Spießchen:

300 g Putenbrust ohne Haut

¼ geschälte Ananas

1 rote Paprikaschote

Salz, Pfeffer aus der Mühle

40 g Butter

1 EL fein gehackte Zwiebeln

1 Msp. zerdrückte Knob-
lauchzehe

1 EL Currypulver

150 ml Geflügelfond

150 ml Sahne, Salz

1. Die Putenbrust und die Ananas in je 30 gleichmäßige Würfel schneiden. Die Paprikaschote waschen, entkernen und ebenfalls in Würfel schneiden. Alles auf einen kleinen Holzspieß stecken.
2. Die Spieße mit Salz und Pfeffer würzen. Die Butter in einer Pfanne erhitzen und die Spießchen darin goldgelb braten. Die Spieße nach etwa 5 Minuten herausnehmen und warm stellen.
3. Die Zwiebeln und den Knoblauch in die Pfanne geben und kurz anschwitzen. Den Curry hinzugeben und den Geflügelfond angießen.
4. Zur Hälfte einkochen lassen, die Sahne angießen und nochmals zur Hälfte einkochen lassen. Mit Salz würzen und die Spießchen mit der Sauce überziehen.
(auf dem Foto oben)

KALBSBRIES MIT LIMONE

Für 10 Stück
Zubereitungszeit: ca. 30 Min.
ca. 215 kcal/895 kJ

350 g gekochtes Kalbsbries

3 unbehandelte Limonen

Salz, Pfeffer aus der Mühle

1 EL Mehl, 1 Ei

150 g geriebenes Weißbrot

250 g Pflanzenfett

100 ml Kalbsbriesfond

100 ml trockener Weißwein

150 g Crème fraîche

1. Das Kalbsbries häuten, in 10 Stücke teilen und mit dem Saft einer Limone, Salz und Pfeffer würzen.
2. Das Bries nun in Mehl und in dem verquirlten Ei wenden. Mit den Weißbrotbröseln panieren und in dem Pflanzenfett schwimmend bei 160° C 5 Minuten backen.
3. Den Kalbsbriesfond und den Weißwein auf etwa die Hälfte einkochen lassen und die Crème fraîche dazugeben. 2 Minuten kochen und vom Herd nehmen.
4. Die restlichen 2 Limonen waschen, die Schalen fein abreiben und in die Sauce geben. Ebenso den Saft einer Limone hinzufügen und abschmecken.
5. Die verbliebene Limone schälen, filetieren und die Filets mit einem Spießchen auf jeweils ein Kalbsbriesstück stecken und anrichten. Die Sauce extra dazu reichen.
(auf dem Foto unten: rechts)

LEBERWÜRFEL MIT SALBEI

Für 10 Stück
Zubereitungszeit: ca. 20 Min.
ca. 120 kcal/500 kJ

300 g Kalbsleber

2 EL Olivenöl

Salz, Pfeffer aus der Mühle

1 EL gehackte Schalotten

1 zerdrückte Knoblauchzehe

80 g Butter

10 geschälte Kirschtomaten

2 EL gehackter Salbei

1. Die Kalbsleber enthäuten und in 10 Würfel schneiden. Das Olivenöl in einer Pfanne erhitzen und die Leber darin etwa 3 Minuten rosa braten. Leicht mit Salz und Pfeffer würzen und warm stellen.
2. Die Schalotten und den Knoblauch in der Butter anschwitzen und die Kirschtomaten darin erwärmen. Mit Salz, Pfeffer, Salbei würzen.
3. Die Kirschtomaten mit einem Holzspießchen auf die Leberwürfel stecken und die Salbeibutter darüberträufeln.
(auf dem Foto unten: links)

— FEINSCHMECKER-TIP —

Wenn Sie für dieses Rezept Geflügelleber verwenden, achten Sie bitte darauf, daß die grüne Galle entfernt ist. Wenn Sie die Geflügelleber mit einer Speckscheibe umwickeln, wird diese nicht so trocken.

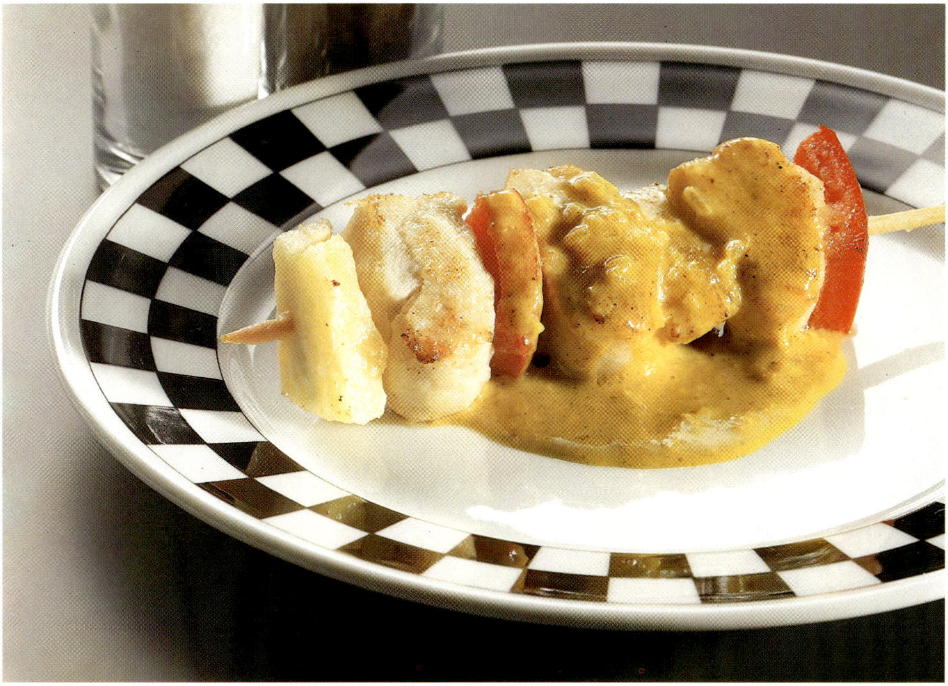

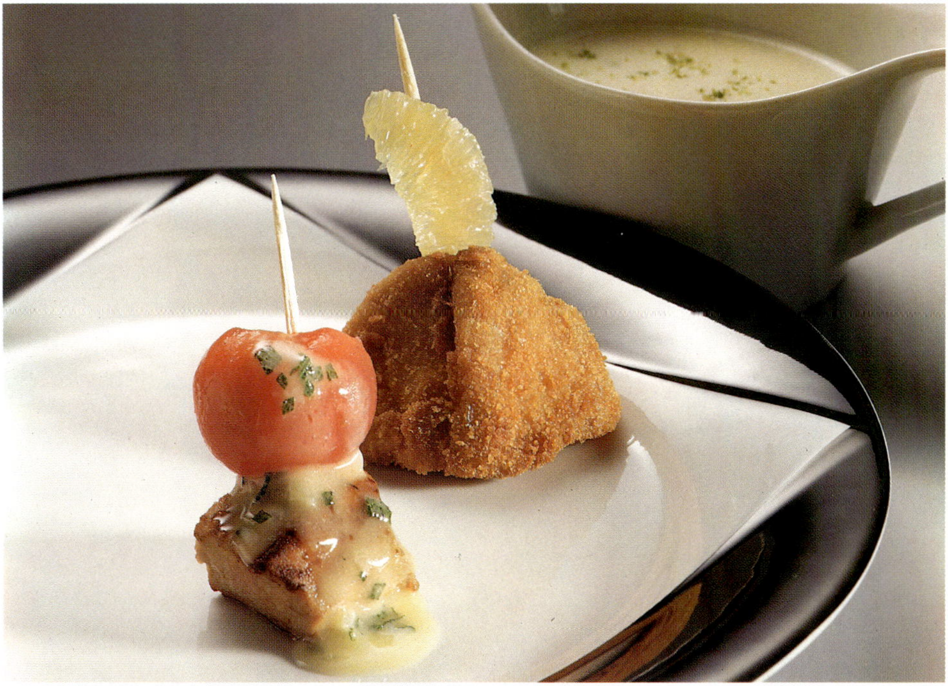

RINDFLEISCH-WÜRFEL MIT SOJA-INGWER-SAUCE

Für 10 Stück
Zubereitungszeit: ca. 25 Min.
ca. 85 kcal/355 kJ

Fleischwürfel:

300 g Rinderfilet, in 10 Würfeln

Salz

Pfeffer aus der Mühle

2 EL Sesamöl

10 kleine Champignons

1 rote Paprikaschote

Sauce:

1 EL gehackte Schalotten

1 zerdrückte Knoblauchzehe

1 EL Sesamöl

1 Tasse Rotwein

6 EL Sojasauce

20 g frischer, geschälter Ingwer

1 TL Kartoffelmehl oder

Weizenpuder

Salz

Pfeffer aus der Mühle

1. Die Rinderfiletwürfel mit Salz und Pfeffer würzen. Das Sesamöl in einer Pfanne erhitzen und die Fleischwürfel 3 Minuten darin braten, anschließend warm stellen.
2. Von den Champignons den Stiel abschneiden, die Köpfe putzen und waschen. Die Paprikaschote in 10 etwa 2 cm große Würfel schneiden.
3. Die Schalotten und den Knoblauch in der Pfanne im restlichen Sesamöl anschwitzen. Die Champignonköpfe und die Paprikawürfel hinzugeben. Mit der Hälfte des Rotweins ablöschen und die Sojasauce hinzufügen.

4. Den Ingwer fein reiben und zur Sauce geben. Die andere Hälfte des Rotweins mit dem Kartoffelmehl mischen und unter die Sauce rühren.
5. Aufkochen lassen, mit Salz und Pfeffer würzen und die Champignons und die Paprikawürfel herausnehmen. Auf 10 Zahnstocher stecken und diese in die Rindfleischwürfel stecken. Mit der Sauce überziehen und sofort servieren.

┌─ FEINSCHMECKER-TIP ─┐

Wenn Sie für dieses Amuse gueule Schweinefilet verwenden, achten Sie darauf, das Fleisch etwas länger zu braten.

FILETSPIESSCHEN MIT TOMATEN-COULIS

Fleischspießchen:

1 gelbe Paprikaschote

2 Zwiebeln

300 g Schweinefilet, in

30 Würfeln

Salz

Pfeffer aus der Mühle

3 EL Olivenöl

Coulis:

3 Fleischtomaten

1 EL gehackte Schalotten

1 zerdrückte Knoblauchzehe

1 EL Olivenöl

1 EL gehacktes Basilikum

Salz

Pfeffer aus der Mühle

30 g Butter

1. Die Paprikaschote in 20 Würfel schneiden, die Zwiebel ebenfalls in 1,5 cm große Würfel schneiden. Die Schweinefiletwürfel mit den Paprika- und den Zwiebelwürfeln abwechselnd auf 10 Spieße stecken und mit Salz und Pfeffer würzen.
2. Die Spieße in Olivenöl 5 Minuten bei schwacher Hitze braten und warm stellen.
3. Die Fleischtomaten waschen, den Strunk herausschneiden und die Haut an der glatten Seite kreuzweise einritzen. Dann die Tomaten etwa 10 Sekunden in kochendes Wasser tauchen und kalt abschrecken.
4. Nun die Haut abziehen, die Tomaten halbieren, die Kerne herausnehmen und das Tomatenfleisch in kleine Würfel schneiden.
5. Die Schalotten und den Knoblauch in dem Olivenöl anschwitzen und die Tomatenwürfel dazugeben. Für 5 Minuten dünsten, das Basilikum hinzufügen und mit Salz und Pfeffer würzen.
6. Vom Feuer nehmen und die Butter darunterrühren. Die Spießchen mit der Sauce überziehen.
(auf dem Foto: oben)

GEFÜLLTE BLÄTTERTEIG-HÖRNCHEN

Füllung:

150 g gekochter Schinken

10 g Butter

100 ml Sahne, 2 Eigelb

1 Prise Muskatnuß

Pfeffer aus der Mühle

1 EL gehackte Petersilie

Teig:

200 g Blätterteig

1 Eigelb zum Bestreichen

1. Den Schinken in feine Würfel schneiden. Die Butter erwärmen und den Schinken 2 Minuten anschwitzen.
2. Dann drei Viertel der Sahne hinzugeben und zur Hälfte einkochen lassen.
3. Die Eigelbe mit dem Rest der Sahne mischen und rasch unter die Schinkenmasse ziehen. Diese sofort vom Herd nehmen und mit Muskatnuß und Pfeffer würzen. Die Petersilie darunterrühren und kalt stellen.
4. Den Blätterteig dünn ausrollen und 10 etwa 12 cm große Dreiecke schneiden.
5. Einen Eßlöffel der Schinkenmasse jeweils auf eine Länge der Dreiecke geben, von dort aus einrollen und zu Hörnchen drehen. Die Teighörnchen mit Eigelb bestreichen und etwa 12 Minuten bei 200° C backen.
(auf dem Foto: unten)

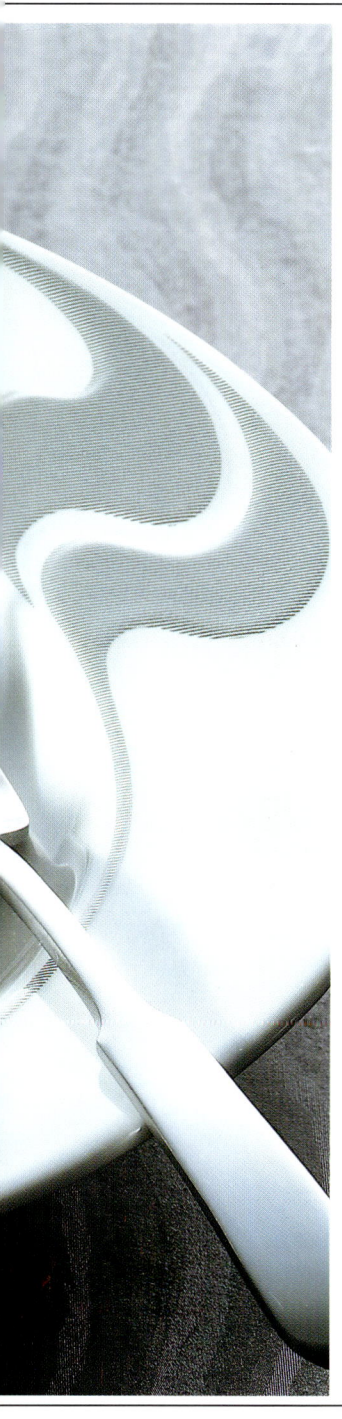

TARTELETTES MIT SPINAT

Für 10 Stück
Zubereitungszeit: ca. 40 Min.
ca. 190 kcal/795 kJ

Teig:
200 g Mehl
100 g Butter
4 EL Milch
Salz
1 Prise Muskatnuß
Butter zum Bestreichen

Füllung:
20 g Butter
1 EL gehackte Schalotten
150 g blanchierten Blattspinat
4 EL Milch
50 ml Sahne
1 Ei
Salz
1 Prise Muskatnuß
Pfeffer aus der Mühle

1. Das Mehl auf eine Arbeitsplatte sieben und mit der Butter, der Milch, Salz und Muskatnuß zu einem glatten Teig verkneten. Diesen etwa 30 Minuten ruhen lassen.

2. 10 flache Tarteletteförmchen ausbuttern und mit Mehl bestäuben. Den Teig dünn ausrollen und die Förmchen damit auslegen. Die Tartelettes bei 180°C 5 Minuten backen.

3. Die Butter in einem Topf erwärmen und die Schalotten darin anschwitzen. Den Spinat fein hacken und dazugeben.

4. Kurz mit anschwitzen, die Milch hinzugeben, kurz aufkochen und dann abkühlen lassen. Die Sahne und das Ei verquirlen und anschließend darunterziehen.

5. Die Spinatmasse mit Salz, Muskatnuß und Pfeffer abschmecken und in die Tartelettes füllen. Diese im Ofen 15 Minuten bei 180°C backen. Aus den Förmchen lösen und heiß servieren.

Variation

Die Tartelettes schmecken auch sehr gut mit Käsefüllung. Hierzu mischt man 60 ml Milch und die gleiche Menge Sahne mit 1 Ei und 2 Eßlöffel Kirschwasser. Das Ganze wird mit Salz, Pfeffer und Muskatnuß gewürzt. Anschließend werden 40 g Butter mit 1 Teelöffel gehackten Salbeiblättern in einer Pfanne bis zum Aufschäumen erhitzt und zu der Sahnemischung gegeben. Diese füllt man zusammen mit 150 g geriebenem Emmentaler Käse in vorbereitete Tartelettes und backt sie bei 180°C etwa 15 Minuten.

BLÄTTERTEIG-RÖLLCHEN MIT BASILIKUM-FLEISCH

LAMMFLEISCH-BÄLLCHEN MIT ROQUEFORTSAUCE

Für 10 Stück
Zubereitungszeit: ca. 30 Min.
ca. 170 kcal/710 kJ

Füllung:

250 g gemischtes Hackfleisch

3 EL gehacktes Basilikum

1 EL gehackte Schalotten

1 Ei

2 EL Milch

Salz

Pfeffer aus der Mühle

Teig:

150 g Blätterteig

1 Eigelb zum Bestreichen

1. Das Hackfleisch mit dem Basilikum, den Schalotten, dem Ei und der Milch verkneten und mit Salz und Pfeffer würzen.
2. Den Blätterteig dünn ausrollen und zu 10 etwa 8 cm großen Quadraten ausschneiden. Den Backofen auf 200°C vorheizen.
3. Das Basilikumfleisch zu 1,5 cm dicken und 8 cm langen Würstchen formen und jeweils in ein Blätterteigquadrat einrollen.
4. Diese mit Eigelb bestreichen und 12 Minuten backen.
(auf dem Foto oben)

Für 10 Stück
Zubereitungszeit: ca. 25 Min.
ca. 220 kcal/920 kJ

Fleischbällchen:

1 EL Butter

1 EL gehackte Schalotten

2 TL gehackter Thymian

300 g mageres

Lammhackfleisch

1 Ei

1 EL geriebenes Weißbrot

2 EL Milch

Salz

Pfeffer aus der Mühle

5 EL Olivenöl

Sauce:

1 EL gehackte Schalotten

100 ml trockener Weißwein

150 ml Sahne

100 g Roquefortkäse

1 EL gehackte Petersilie

Pfeffer aus der Mühle

1. Die Butter in einer Pfanne erwärmen und die Schalotten und den Thymian darin kurz anschwitzen. In einer Schüssel auskühlen lassen.
2. Dann das Lammhack, das Ei, die Weißbrotbrösel und die Milch dazugeben, mit Salz und Pfeffer würzen und verkneten. Aus dem Fleischteig kleine Bällchen formen.

3. Das Olivenöl in einer Pfanne erhitzen und die Fleischbällchen darin bei schwacher Hitzezufuhr braten. Die Bällchen müssen oft gewendet und gleichmäßig gebraten werden. Die Bällchen warm stellen und das Öl abgießen.
4. Die Schalotten in die Pfanne geben, kurz anschwitzen und mit dem Weißwein ablöschen. Einkochen lassen, die Sahne angießen, aufkochen lassen und anschließend durch ein Sieb passieren.
5. Den Roquefort fein hakken und in die Sahne rühren. Kurz aufkochen lassen, die Petersilie dazugeben und mit Pfeffer würzen. Die Sauce über die Fleischbällchen ziehen und diese mit kleinen Spießchen versehen.
(auf dem Foto unten)

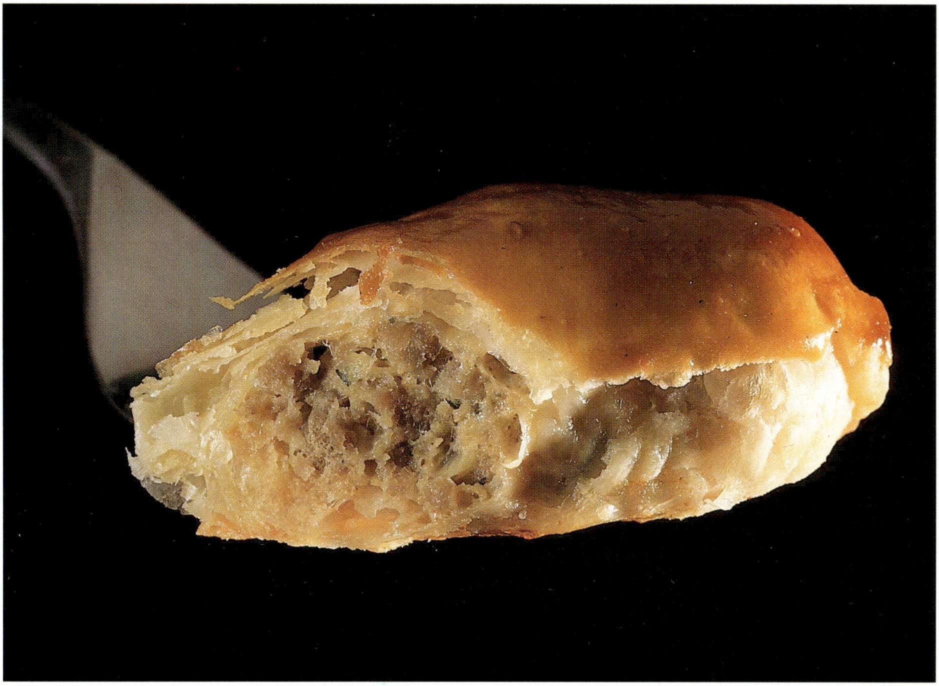

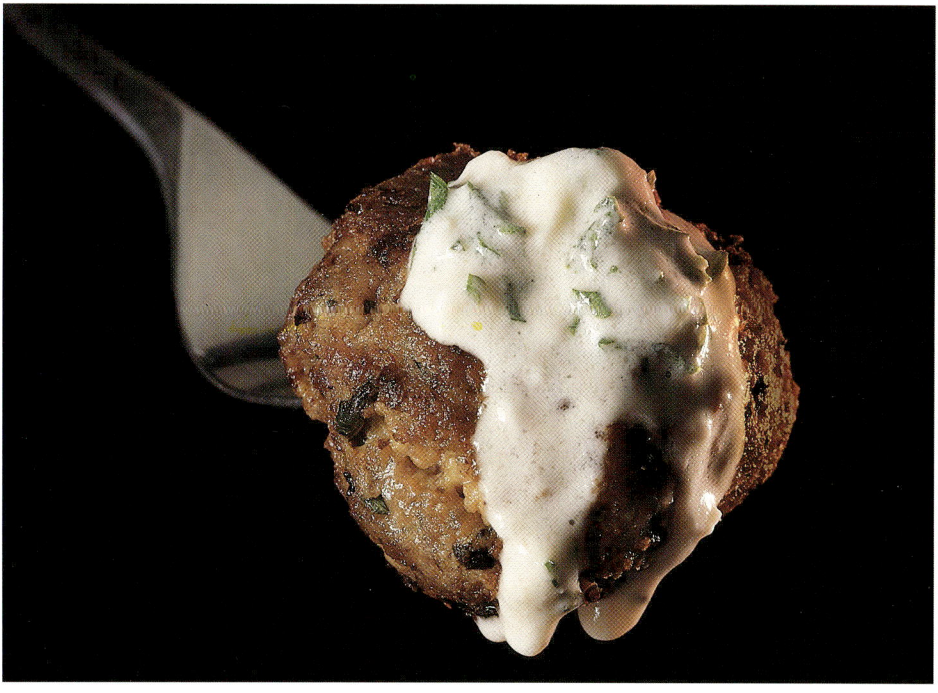

REZEPTVERZEICHNIS

Austern, überbackene, mit Paprika   48
Avocadoschaum mit Lachs   26
Backpflaumen, gefüllte   42
Blätterteighörnchen, gefüllte   58
Blätterteigröllchen mit Basilikumfleisch   62
Champignonköpfe, gebackene   46
Cocktailtomaten mit Basilikumquark   26
Crevetten auf Kräuterbutter   12
Entenbrust mit Honig-Zitronen-Butter   22
Entenbrust mit Linsensprossen   38
Filetscheibe mit Hüttenkäse   40
Filetscheibe mit Olivenvinaigrette   41
Filetspießchen mit Tomatencoulis   58
Forellenfilet mit Kaviar   16
Frischer Thunfisch mit Soja   29
Gänsebrust mit Ingwerbutter   20
Gebackene Champignonköpfe   46
Gebratene Schwarzwurst   42
Gefüllte Backpflaumen   42
Gefüllte Blätterteighörnchen   58
Gefüllte Navetten   42
Gefüllte Zucchini mit Crevetten   46
Hähnchenbrust mit Orangenfilets   20
Heilbutt auf Tomatenbutter   15
Heringsfilet auf Kartoffelscheibe   14
Jakobsmuschelspießchen   51
Kalbsbries mit Limone   54
Kaninchenleber mit Feige   34
Kartoffelfischchen mit Kaviar   30
Lachsbällchen im Mantel   28
Lachsschinken auf Basilikumbutter   18

Lachsschinkenröllchen   33
Lachstatar auf Navettenscheibe   52
Lammfilet mit Zucchinipiccata   38
Lammfleischbällchen mit Roquefortsauce   62
Leberparfait mit Apfel   34
Leberwürfel mit Salbei   54
Matjestatar mit roten Beten   30
Navetten, gefüllte   42
Putenbrustspießchen mit Currysauce   54
Räucherlachs auf Meerrettichbutter   12
Riesengarnelen in Petersilienbutter   48
Rindfleischwürfel mit Soja-Ingwer-Sauce   57
Roastbeef auf Sardellenbutter   20
Schinkentütchen mit Frischkäse   18
Schwarzwurst, gebratene   42
Seeteufelmedaillons mit Kokos   52
Seezungenröllchen auf Gurkenscheibe   16
Seezungenstreifen auf Orangenfilets   30
Seezungenstreifen in Kräuterteig   52
Staudensellerie mit Roquefort   26
Tartelettes mit Spinat   61
Tatarrondelle auf Graubrot   18
Thunfisch, frischer, mit Soja   29
Überbackene Austern mit Paprika   48
Venusmuscheln mit Lauch   50
Wachtelbrüstchen mit Wachtelei   37
Windbeutel mit Dillquark   22
Zanderschnitten mit Paprika   32
Zucchini, gefüllte, mit Crevetten   46
Zweierlei Kaviar auf Quarktoast   12

Abkürzungen: EL = Eßlöffel
                  Msp. = Messerspitze
                  TL   = Teelöffel

Kalorien-/Jouleangaben: Alle Kalorien-/Jouleangaben in diesem Buch beziehen sich auf eine Portion des jeweiligen Gerichts.

„FALKEN Feinschmecker" ist eine exquisite Kochbuchreihe, deren Bände immer einem besonderen Thema gewidmet sind. So kommt jeder Genießer auf seine Kosten. Fragen Sie Ihren Buchhändler!

CIP-Titelaufnahme der Deutschen Bibliothek

Imhof, Heinz:
Canapés und kleine Köstlichkeiten:
fein u. raffiniert / Heinz Imhof. –
Niedernhausen/Ts.: Falken-Verl., 1988
   (FALKEN Feinschmecker)
   ISBN 3-8068-0963-1

ISBN 3 8068 0963 1

© 1988 by Falken-Verlag GmbH,
6272 Niedernhausen/Ts.
Titelbild: TLC-Foto-Studio GmbH, Bocholt
Fotos: Grauel und Uphoff, Hannover
Die Ratschläge in diesem Buch sind von Autor und Verlag sorgfältig erwogen und geprüft, dennoch kann eine Garantie nicht übernommen werden. Eine Haftung des Autors bzw. des Verlages und seiner Beauftragten für Personen-, Sach- und Vermögensschäden ist ausgeschlossen.
Gesamtproduktion: Falken-Verlag GmbH,
D-6272 Niedernhausen/Ts.

817 2635 4453 6271